Per conoscere occorre saper osservare, analizzare, sperimentare.

Bruno Munari

GREENLINE

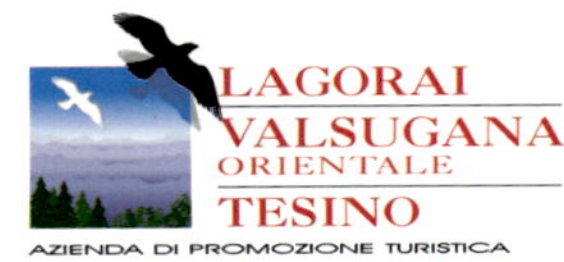

Presidente
Alessandro Chiesa

Direttore
Lorenza Biasetto

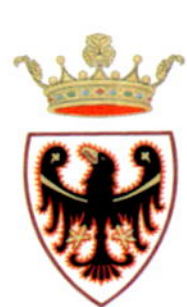

Con il patrocinio di

Provincia Autonoma di Trento

Assessorato alla Cultura
Assessorato al Turismo

Con il contributo di

image & color s.r.l.

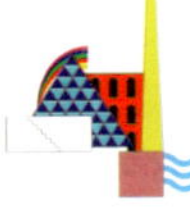

Istituto di Istruzione
Alcide Degasperi

Collaborazione didattica

Paola Binante
Carlo Brisotto

Si ringrazia per la collaborazione

Daniele Lira
per aver fornito parte
delle immagini e per
la preziosa e costante
assistenza.

Maria Antonietta Rossi.

Il personale non docente
dell'Istituto di Istruzione
Alcide Degasperi
per la disponibilità e la
comprensione.

Un ringraziamento particolare

per Arturo Carlo Quintavalle
che ancora una volta
ha offerto il suo
disinteressato
contributo culturale.

MaRT museo di arte moderna e contemporanea di trento e rovereto

LAGORAI IMMAGINATO
27 NOVEMBRE - 10 DICEMBRE 2004
Biblioteca Civica di Rovereto
c/o Mart - Rovereto

Progetto e coordinamento

Nino Migliori

Produzione editoriale

Andrea Albertini
Giuseppe Villirillo

Allestimento mostra a cura di

A.P.T. Lagorai
Valsugana Orientale e Tesino

Redazione

Publimago

Progetto grafico e impaginazione

Antonella Minzoni

Editing

Marina N.Truant

Traduzioni

Helen Claudia Doyle

Edizioni

Damiani © 2004
www.damianieditore.it

LAGORAI IMMAGINATO

a cura di
Nino Migliori

Testi di
Paolo Crepet
Arturo Carlo Quintavalle

DAMIANI

LAGORAI IMMAGINATO

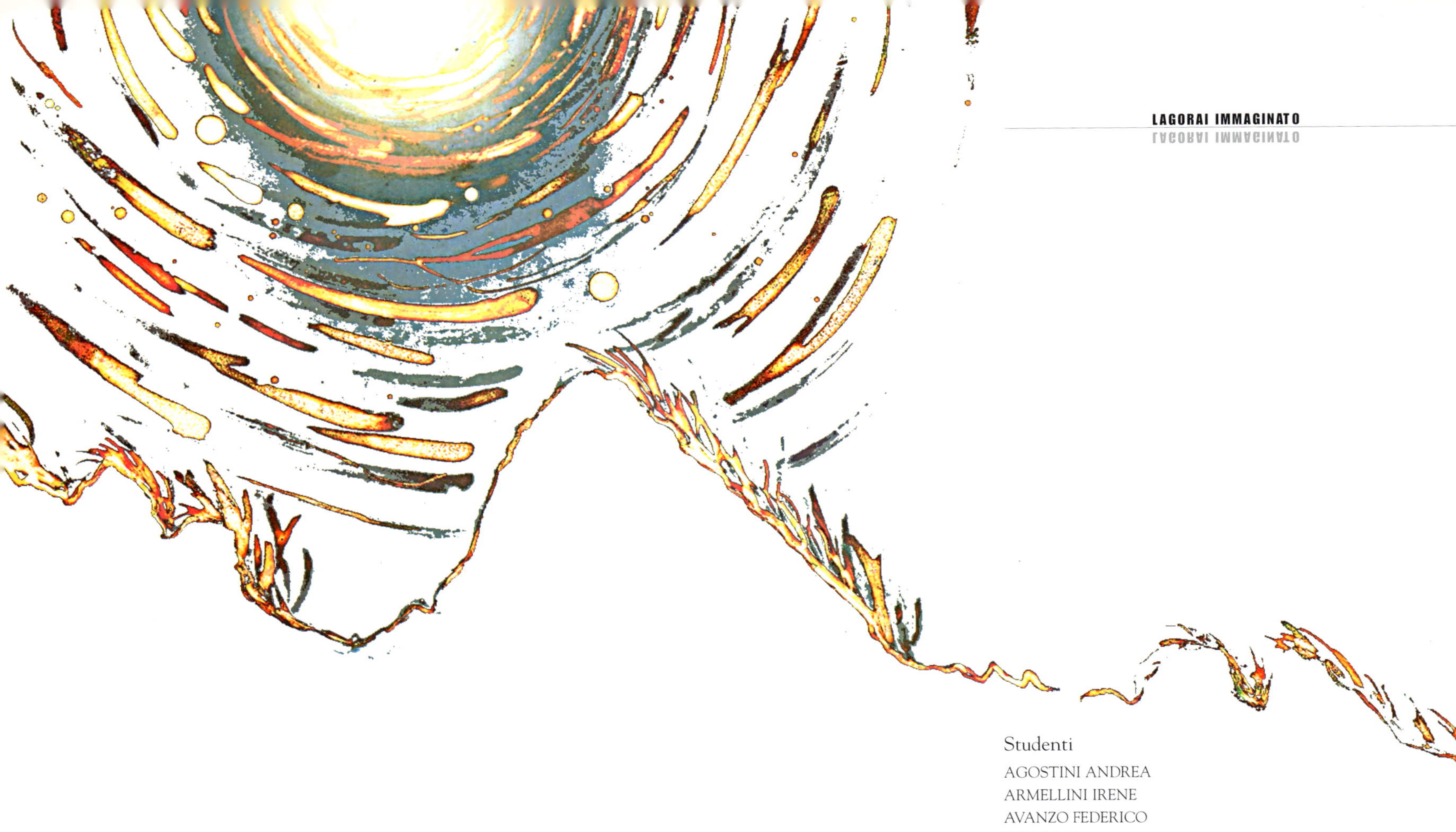

Studenti

AGOSTINI ANDREA
ARMELLINI IRENE
AVANZO FEDERICO
BERTI SARA
BOSCO DEBORAH
BRENDOLISE VERONICA
BRNJIC SUNCANA
CAPRA FEDERICA
CHIESA MICOL
CONTRI LORENA
CORN MARTINA
COSTA ARIANNA
DALSASSO MANUELA
DANDREA MICHELA
GIAMPICCOLO STEFANO
GUERRIERO KARIN
MENEGOL PAOLA
MOGGIO ELEONORA
NERVO MEERA
PAULETTO LUANA
PECORARO BARBARA
PERATHONER LUCIA
RAPPOSELLI ANDREA
SARTORI NADIA
SEGNANA VALENTINA
SIMONETTO ANDREA
SOLLENNI ALICE
STEFANI SARA
STEFANI CHIARA
TRENTIN DANIELA
VOLTOLINI SILVIA
VOLTOLINI VALENTINA
WOLF STEFANIA
ZANGHELLINI GIOVANNA

Insegnanti

BALZANI GIORDANO
BRANDALISE MICHELA
CASSOL ANNA
DANDREA ENRICO
FISTAROLLO MARISA
LATROFA AMALIA
PECORARO A. GLORIA
ROPELE MONICA
STEFANCICH LAURA
VECCHI SUSANNA

Dirigente Scolastico

MARIA GABRIELLA MORO

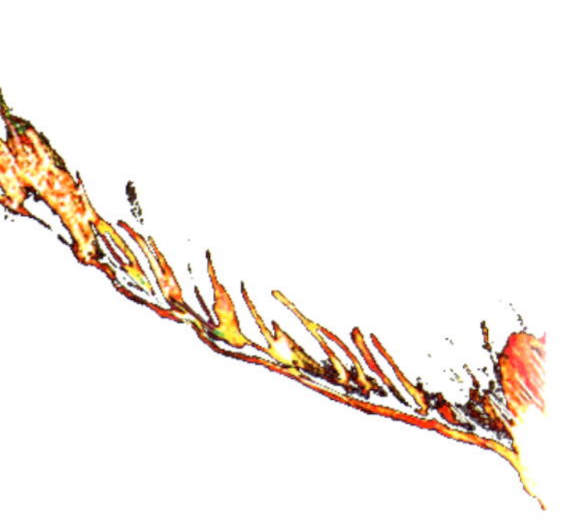

LAGORAI IMMAGINATO

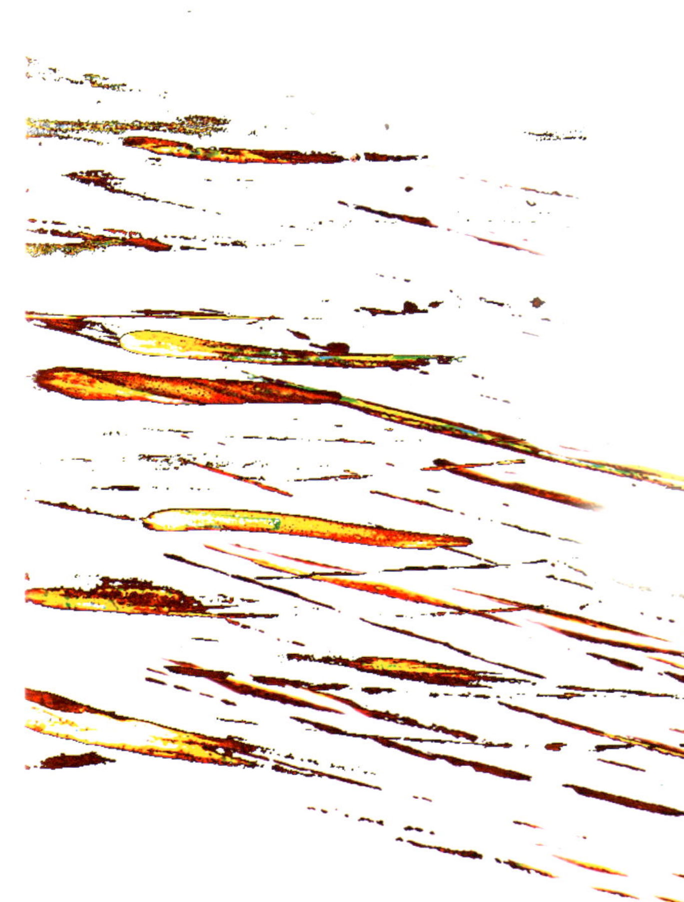

LAGORAI IMMAGINATO

LA VALSUGANA ORIENTALE E IL TESINO

Mettere in rete le risorse del territorio mediante esperienze culturalmente significative rappresenta un'efficace maniera per contribuire alla formazione di un vero e proprio prodotto turistico che abbia le caratteristiche dell'omogeneità e dell'originalità.
Questa è la strada perseguita dall'A.P.T. Lagorai - Valsugana Orientale e Tesino - che del connubio territorio-cultura ha fatto il suo principale strumento di lavoro, proponendo un denso calendario di iniziative promozionali incentrate sull'ambiente e sul coinvolgimento dei suoi abitatori.
"Lagorai: natura in libertà", il programma che per i suoi contenuti ha ottenuto il prestigioso riconoscimento nazionale della "bandiera verde" di Legambiente, da sei anni mira a far conoscere le valli trentine del Tesino e della Valsugana Orientale tramite escursioni plurigiornaliere, incontri con i poeti nelle malghe e nei monumenti storici locali, e laboratori fotografici, ai quali le comunità locali partecipano attivamente nella duplice veste di attori e spettatori.
Il camminare, la poesia e la fotografia si sono dimostrati nel corso degli anni una felice chiave di lettura per imparare a conoscere il proprio ambito geografico nei suoi aspetti più caratteristici e genuini. Nel campo della fotografia, la regia dei maggiori esponenti italiani di questo settore offre ai turisti, come ai residenti, l'opportunità di osservare il territorio attraverso un occhio privilegiato - quello della macchina fotografica - rivelando sorprendenti aspetti del paesaggio e della vita della comunità.
In seno a questo progetto è nato l'incontro con Nino Migliori, la cui opera costituisce una pietra miliare della storia della fotografia non solo italiana. Un'occasione più unica che rara per sposare il territorio con la sua conoscenza, attraverso l'istituzione che per prima se ne fa carico presso le giovani generazioni, cioè la scuola, con il pieno appoggio delle Amministrazioni locali e degli Assessorati provinciali al Turismo e alla Cultura.
Proprio ai giovani, che rappresentano il futuro della nostra terra, chi possiede gli strumenti istituzionali e politici ha il dovere e la responsabilità di dare non solo informazioni, ma anche, e soprattutto, le coordinate per comprenderle, farle proprie ed utilizzarle al fine di crescere insieme alla propria gente.
Lavorare con Nino Migliori non è stato solo un onore, a coronamento dell'annoso sforzo di promuovere la Valsugana Orientale ed il Tesino attraverso la sua conoscenza e valorizzazione, ma anche e soprattutto la preziosa occasione per imparare - tutti - qualcosa di nuovo, rinnovando quell'entusiasmo che è linfa vitale per proseguire sulla strada intrapresa, quella di uno sviluppo consapevole e quindi sostenibile della nostra terra.

Alessandro Chiesa

Presidente - Commissario Straordinario
A.P.T. Lagorai - Valsugana Orientale e Tesino

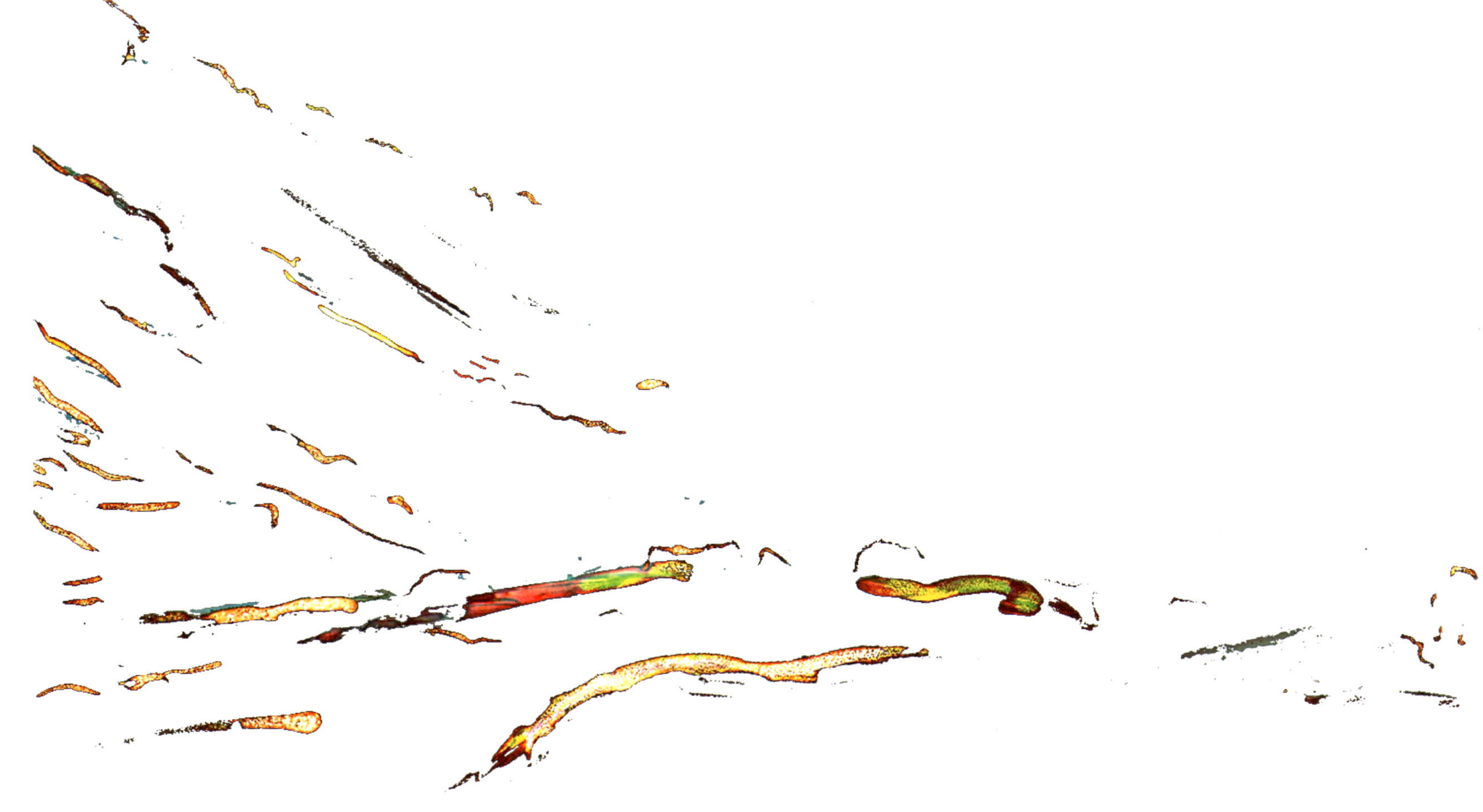

LAGORAI IMMAGINATO

LA CULTURA COME STRUMENTO DI PROMOZIONE DEL TERRITORIO

Senza valorizzazione del territorio non vi è promozione. E non esiste promozione senza la consapevolezza di ciò che si possiede. Da questa semplice quanto importante convinzione derivano tutte le strategie che l'Azienda di Promozione Turistica Lagorai ha improntato per creare e diffondere un'immagine positiva della Valsugana Orientale e del Tesino.

Ma la consapevolezza del proprio patrimonio ambientale e storico-artistico è meno scontata di quanto possiamo immaginare. Com'è comprensibile, la quotidiana esposizione alle bellezze naturali e l'abituale frequentazione di luoghi e persone ha in parte smorzato la motivazione di ricercarne l'essenza con la curiosità ed il pieno apprezzamento di chi proviene da fuori.

Per questo motivo, qualsiasi seria ed efficace azione promozionale all'esterno del territorio deve poggiare sulla profonda conoscenza delle risorse locali da parte di chi ci abita. Tale orgoglio rappresenta la formula del successo di molte zone turistiche alle quali guardiamo con ammirazione ed invidia. Per dirla con altre parole, la vera risorsa della nostra terra siamo noi stessi, quando abbiamo preso coscienza di ciò che ci circonda, lo abbiamo reso motivo di orgoglio e siamo pronti ad asserirne la validità presso potenziali e reali turisti.

Con queste premesse l'A.P.T. Lagorai ha coinvolto il maggiore complesso scolastico della valle - il Polo Scolastico Degasperi - i cui studenti e personale docente si sono cimentati in uno studio in termini fotografici della Valsugana Orientale e del Tesino con occhi disincantati e liberi.

Catalizzatore del progetto il grande maestro della fotografia italiana Nino Migliori che ha messo a disposizione la propria cultura avanguardistica per ridare voce e colori a paesaggi, a monumenti e all'ambiente umano che l'abusato utilizzo commerciale ha reso parzialmente insignificanti.

Le tecniche di "lavaggio" della stampa fotografica tradizionale e di lavorazione della pellicola in fase di sviluppo hanno portato gli studenti a confrontarsi con la tradizionale iconografia turistica "pre-costruita" e i suoi messaggi. Come la pellicola immersa negli acidi, la mente creativa dei giovani ha reagito e prodotto immagini di un Lagorai rivisitato e fresco, pronte ad essere "esportate" tramite la presente pubblicazione ed un'esposizione itinerante che ha come prima vetrina la prestigiosa sede del Museo di Arte Contemporanea di Trento e Rovereto.

L'aspetto ludico di questa grande avventura nulla ha tolto al processo di apprendimento, ma anzi ha aggiunto quel plus-valore che trasforma i ragazzi in "testimonial" della propria terra, pronti ad uscire ed asserire con rinnovata convinzione che la Valsugana ed il Tesino costituiscono oggi, più che mai, un'isola dal notevole patrimonio ambientale, culturale ed umano.

Lorenza Biasetto
Direttore
A.P.T. Lagorai - Valsugana Orientale e Tesino

LAGORAI IMMAGINATO

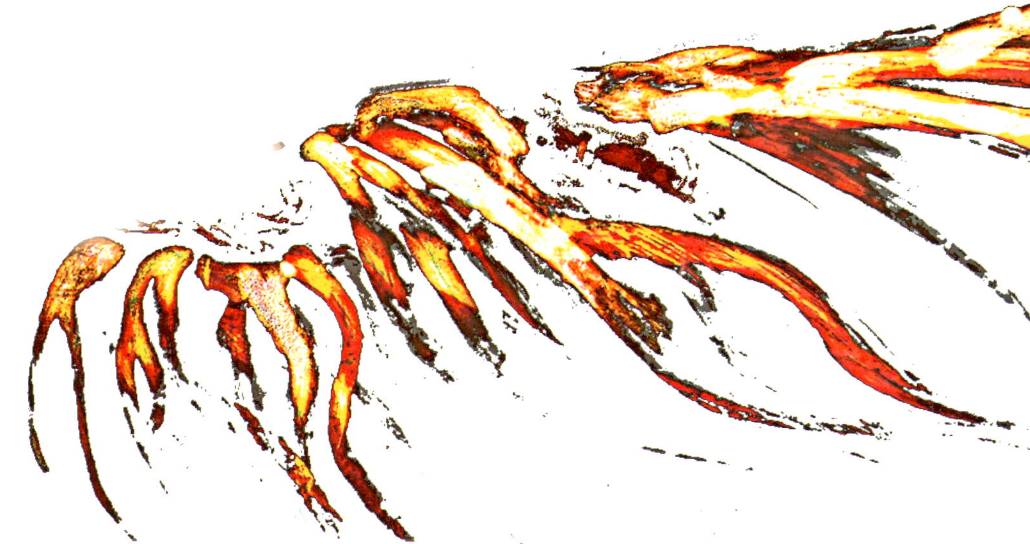

LAGORAI IMMAGINATO

SCOPRIRE LE SFUMATURE DEI COLORI...

una sotto l'altra, come se le cose svelassero, a poco a poco, il frammento di un arcobaleno a strati, nel quale la materia si ritrae per lasciare spazio al sogno: questa è l'esperienza che si apre allo sguardo che impara a scrutare, perché non intende accontentarsi di vedere: vuole stupirsi e far stupire!

Il segreto della formula magica per entrare in questo fantasmagorico mondo viene custodito dal grande fotografo Nino Migliori che, assieme ai suoi collaboratori, nell 'ambito dell 'iniziativa "Lagorai immagiNato", ha portato 34 studenti e 10 docenti della nostra scuola a "creare" nuove emozioni, grazie alla tecnica del bleaching nonché alla manipolazione su polaroid.

Il risultato di questo lavoro contribuisce a formare il materiale per la mostra itinerante che, inaugurata presso il MART di Rovereto, approderà a Borgo Valsugana, ospitata nei locali del nostro Istituto.

La scuola, nella speranza di poter ripetere un'esperienza così coinvolgente ed entusiasmante, ringrazia tutti coloro che le hanno consentito di porre in essere un grande momento di vero e proprio" laboratorio culturale ".

Maria Gabriella Moro
Preside dell'Istituto di Istruzione Alcide Degasperi
Borgo Val Sugana

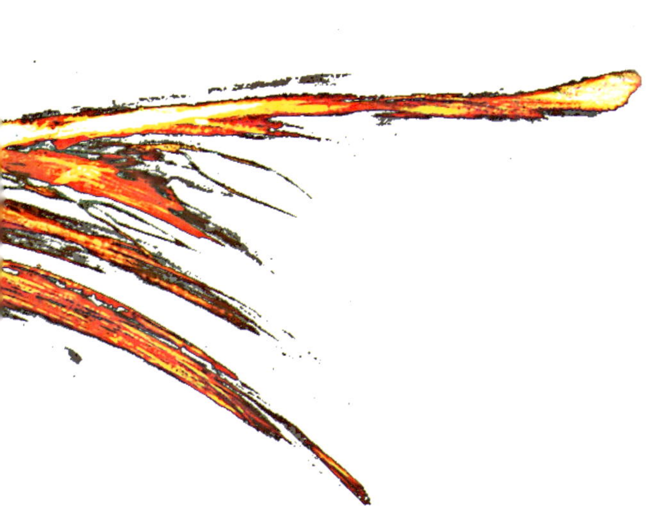

LAGORAI IMMAGINATO

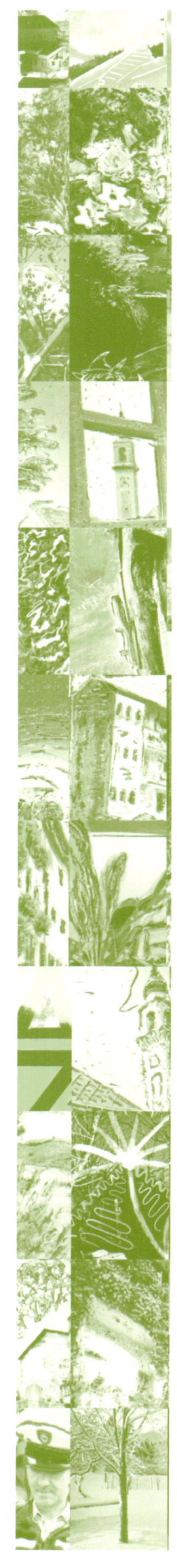

LAGORAI IMMAGINATO

LA DIDATTICA E LA *RI-COSTRUZIONE* DELL'IMMAGINE

Paola Binante

Osservare, pensare, decidere, scattare ed ancora attendere, immaginare, disegnare, trasformare, quante azioni in una fotografia. Non un semplice gesto, ma innumerevoli passi dietro al lavoro dei ragazzi del Polo scolastico di Borgo Val Sugana che, sotto la guida di Nino Migliori, con la collaborazione di Carlo Brisotto e mia, hanno seguito uno stage sull'alfabetizzazione fotografica.

Questa operazione didattica ottenuta attraverso una estrema semplificazione della tecnologia – polapressures e bleaching – nasce dall'esperienza diretta della realtà. Una modalità che ricostruisce la possibilità di un'esperienza attraverso un avvicinamento-distanziamento dalla realtà stessa. Avvicinamento nel senso della riproduzione fotografica. Distanziamento, nella forma finale, per ciò che riguarda la creatività segnica di ognuno.

Il progetto di alfabetizzazione e sperimentazione fotografica rivolto agli studenti e agli insegnanti, si è definito in una linea metodologica fondata sul principio del coinvolgimento attivo dei partecipanti. La progettazione che ne è derivata si è ispirata al concetto di rapporto tra continuità e discontinuità, cioè del rapporto tra l'esperienza consolidata ed il cambiamento che è una caratteristica sia dei processi cognitivi sia di quelli artistici culturali: la lezione dell'arte contemporanea si fa metodo.

La valenza didattica della fotografia sperimentale è quella di creare la semplificazione, la traduzione, l'illusione e l'interpretazione della realtà circostante, che soggiace alla fantasia e alla creatività. Questa proposta mira a far scoprire ai ragazzi e agli insegnanti che esistono diversi modi di guardare alle cose; il messaggio principale è di imparare ad osservare con attenzione, in modo non superficiale, per cogliere le informazioni e le sottigliezze del

TEACHING AND IMAGE *RE-CONSTRUCTION*

Paola Binante

Observing, thinking, deciding and pressing the button; waiting, imagining, drawing, and transforming – all these processes in a photograph. Not a single simple action but instead numerous steps are behind the work by these boys and girls from the Borgo Val Sugana school who, under the guidance of Nino Migliori, followed a course in photographic literacy.

This teaching process involving the great simplification of technology (polapressures and bleaching) arises from direct experience of reality. It is a procedure reconstructing the opportunity of an experience through the nearing/distancing of the reality itself. Nearing in the sense of photographic reproduction. Distancing (in the final image form) in terms of creativity through personal marks.

The photographic literacy and experimentation project aimed at school pupils and teachers was structured following methodology based on the principle of active participant involvement. The resulting project plan was inspired by the concept of the relationship between continuity and discontinuity – the relationship between consolidated experience and change – which is a characteristic not only of investigative processes but also of cultural and artistic ones: the lesson of contemporary art becomes method.

The educational worth of experimental photography is that of creating the simplification, translation, illusion and interpretation of the surrounding reality, which yields to imagination and creativity. Project aim was to help pupils and teachers discover that many different ways of looking at things exist. Developing one's own observation skills enables comparisons to be drawn, questions to be posed and hypotheses to be formulated on a journey re-elaborating the experience of contact

LAGORAI IMMAGINATO

proprio territorio decifrandone così i veri significati. Sviluppare le proprie capacità di osservare permette di istituire confronti, porsi domande e costruire ipotesi di percorso rielaborando l'esperienza di contatto con la fotografia.

La fotografia come comunicazione visiva suscita invenzione, creatività ed immaginazione e come afferma *Bruno Munari "la fantasia l'invenzione la creatività pensano, l'immaginazione vede"*. Il capovolgimento di una situazione, l'uso dei contrari o degli opposti è una delle manifestazioni primarie della fantasia che lascia spazio ad un mondo fantastico irreale ed immaginario. Inoltre modificare un'immagine permette non solo di sviluppare la fantasia, ma di abituare i ragazzi a considerare la mutazione delle cose, vuol dire cioè aiutarli a formarsi una mentalità più elastica e aperta, doti indispensabili per rimanere al passo con gli innumerevoli cambiamenti del nostro tempo.

Il lavoro di rilettura dello spazio circostante attraverso la *ri-costruzione dell'immagine*, messo in pratica dall'esperienza didattica dagli studenti dell' Istituto Alcide Degasperi rappresenta un punto di riferimento importante per chiunque voglia guardare, comprendere ed esprimere.

with photography.

Photography as visual communication arouses invention, creativity and imagination and, as Bruno Munari has stated "fantasy, invention and creativity think, the imagination sees". The inversion of a situation, the use of contrasts and opposites, is one of the main demonstrations of *fantasy leaving space to the imaginary, unreal and visionary world.* In addition, making alterations to an image not only fosters development of imagination but also helps youngsters consider and accept change to things, which implies guiding them to develop a more flexible and open mind – vital qualities for keeping up with the countless changes of our times.

The work of re-reading the surrounding area through *image re-construction*, as put into practice by the pupils at the Alcide Degasperi education institute, constitutes an important point of reference for anyone wishing to look, understand and express.

LAGORAI IMMAGINATO

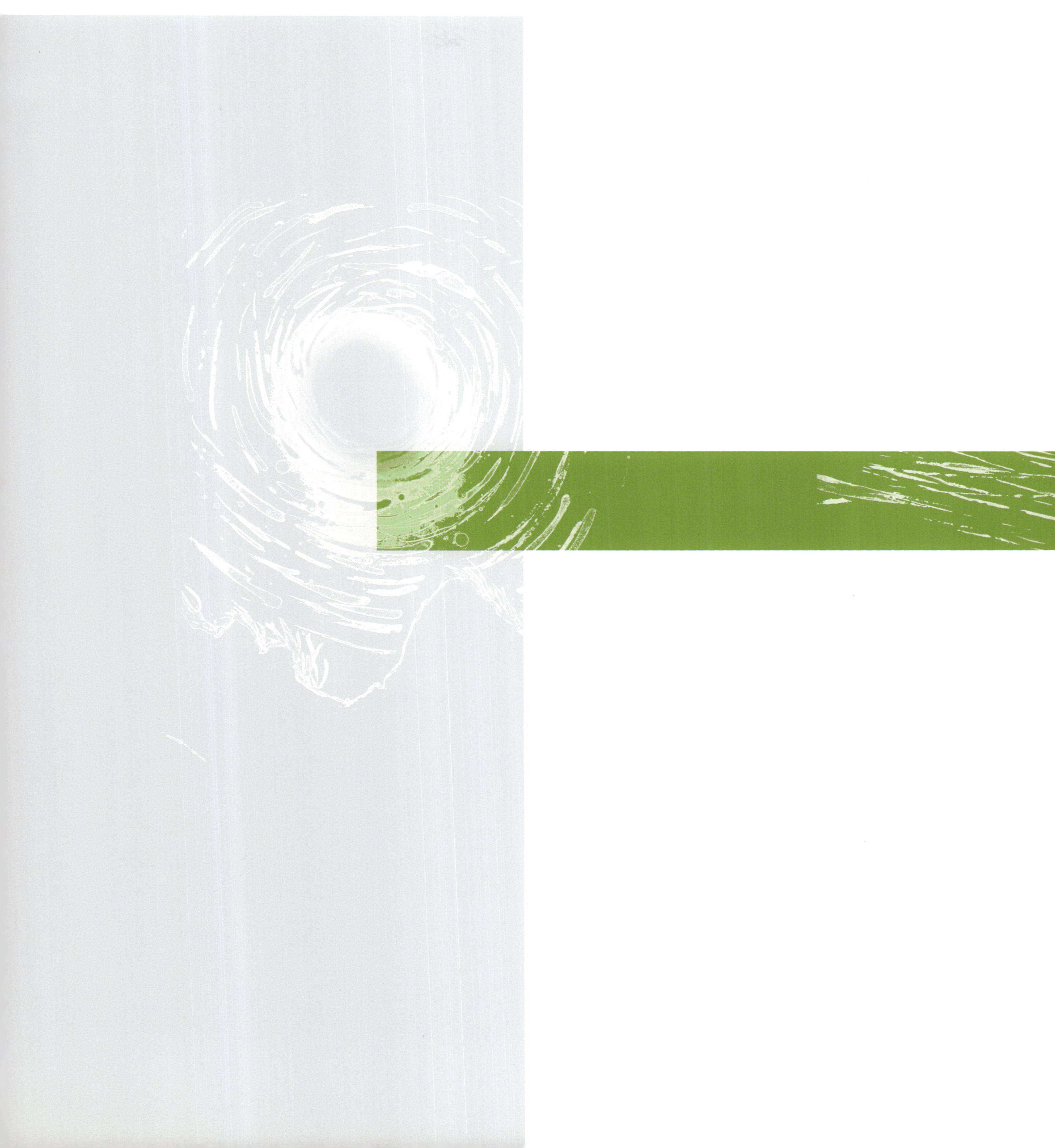

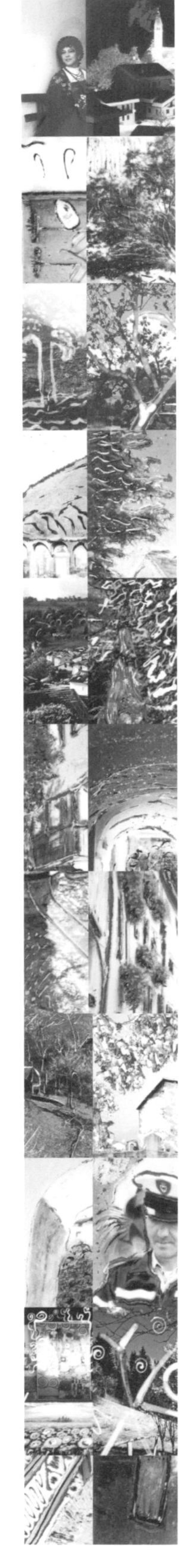

LAGORAI IMMAGINATO

Nino Migliori

Anche se è' banale vale la pena ripetere che conviviamo con una enorme quantità di immagini che ci vengono proposte dai vari media e che spesso non siamo in grado di interpretare a fondo. Perciò da venticinque anni sostengo che è necessario inserire nel curriculum scolastico la fotografia come materia di insegnamento accostando alla parte tecnica e nozionistica quella semiologia che dovrebbe essere prevalente per aiutare a leggere le immagini. L'analisi dello specifico può avvenire se si studiano i singoli segmenti che lo compongono per cui la " destrutturazione fattiva " è, secondo il mio parere, la forma più adatta per capire il processo di messa in codice. E' per questo che i miei laboratori di alfabetizzazione fotografica studiati per i diversi livelli scolastici sono sostanzialmente pratici.
Il progetto che ho approntato per gli studenti del Polo Scolastico di Borgo Val Sugana (decodificare le immagini del loro territorio, rivisitarle modificandone gli schemi visivi) si è sviluppato attorno alle due tecniche che ritenevo più adatte allo scopo: bleaching e polapressures. Col bleaching l'intervento avviene su stampe finali scattate da altri fotografi. cioè su un lessicario predeterminato, in questo caso i ragazzi reinterpretano l'immagine aggiungendo, togliendo, inventando nuove icone derivate e questo porta ad una maggiore attenzione alla lettura e alla traccia. Con le polapressures il processo è solo apparentemente simile infatti consiste nel modificare, con cancellazioni, inserimenti e trasformazioni cromatiche una realtà che gli studenti hanno scelto di fotografare.
Lagorai immaginato potrebbe venire paragonato ad una " ferrata didattica ". Infatti come è noto la ferrata è un tracciato alpinistico attrezzato che consente di raggiungere un obiettivo in modo protet-

IMAGINED LAGORAI

Nino Migliori

Even if it is banal statement it is one worth repeating: we all now live with a huge amount of images proffered by the various media forms, and very often we are not fully able to interpret them. This is why for the last twenty-five years I have supported the idea of including photography as a subject on the school curriculum, combining the technical aspects and the theory with broader semiotics, which play an important role in guiding the reading of an image. Analysis of details may take place only if the individual segments constituting the whole are studied. I therefore hold the opinion that 'effective destructuring' is the most suitable form for understanding the codifying process. This reasoning also explains why my photography literacy courses developed for different schooling levels are mainly practical ones.
The project I prepared for the Borgo Val Sugana school children (decodifying images of their area, reworking them and altering their visual framework) was developed around two techniques that I considered most suited to the purpose: bleaching and polapressures. In the case of bleaching, the process is carried out on the final prints of shots taken by other photographers, this being through a prefixed vocabulary. Here the pupils reinterpret the image, adding, subtracting and inventing new derived icons, and this leads to greater attention being placed on reading and clues. As regards polapressures, the process is only apparently similar and in fact involves modification – through erasures, inclusions and colour alterations – of a subject that the pupils have chosen to photograph.
Lagorai Imagined could be compared to an 'educational iron way' or '*via ferrata*'. In fact, as some know, the *via ferrata* is an Alpine route equipped with cables, allowing destinations to be reached in

LAGORAI IMMAGINATO

to. Così è stato per *Lagorai immaginato* realizzato anche con l'assistenza di Paola Binante e Carlo Brisotto che con competenza e disponibilità si sono messi a disposizione per far superare agli studenti le difficoltà di tecniche non note, ma delle quali si sono impossessati rapidamente. A questo punto si è inserita la loro creatività per rompere schemi precostituiti, per stravolgere codici tradizionali espressivi quindi per proporre proprie visioni, in alcuni casi ironiche, in altri completamente dissacranti. Precisi, attenti, consapevoli, motivati, determinati e creativi sono alcuni degli aggettivi che si possono attribuire ai giovani che hanno partecipato al progetto dedicando anche molte ore del loro tempo libero oltre a quelle previste dalla scuola. Un ringraziamento alla professoressa Maria Gabriella Moro preside dell'istituto per la grande disponibilità e agli insegnanti che hanno collaborato con entusiasmo partecipativo contribuendo in maniera significativa alla realizzazione del progetto. Ringrazio anche Paolo Crepet e Arturo Carlo Quintavalle che con le specifiche competenze hanno fornito contributi illuminanti. Sono riconoscente ad Alessandro Chiesa, Lorenza Biasetto e Daniele Lira dell'Apt Lagorai che hanno supportato e coordinato con generosità e passione tutta l'operazione..

Ogni volta che concludo un progetto spero sempre che serva a determinare l'inizio di un lungo percorso che possa portare ad un rinnovamento didattico, al raggiungimento di una maggiore consapevolezza espressiva, all'acquisizione di strumenti critici.

safety. The same is true for *Lagorai Imagined*, which was achieved also with the assistance of Paola Binante and Carlo Brisotto who, with their competence and readiness, helped the students in quickly overcoming certain fundamental technical difficulties. At the next stage the students' creativity intervened, breaking away from pre-conceived ideas and overturning customary expressivity codes so that they could put forward their own visions, which in some cases were more ironic, in others more desecrating. Precise, careful, motivated, aware, determined and creative are just a handful of the adjectives that may be attributed to these youngsters taking part in the project and who also dedicated many more hours of their free time than that required by the school timetable. A warm thank you goes to both the school headmistress Ms. Maria Gabriella Moro for her helpfulness and to the other teachers who brought their enthusiasm to the initiative and made a significant contribution to project completion. I would also like to thank Paolo Crepet and Arturo Carlo Quintavalle, who made enlightening contributions with their expertise. I am also grateful to Alessandro Chiesa, Lorenza Biasetto and Daniele Lira of the Lagorai Apt information office for supporting and co-ordinating the entire undertaking with generosity and feeling.

Each time I conclude a project, I always hope that it will be useful in opening an extensive path leading to educational redevelopment, to the attainment of greater expressive awareness and to acquisition of the appropriate tools for critical appraisal.

LAGORAI IMMAGINATO

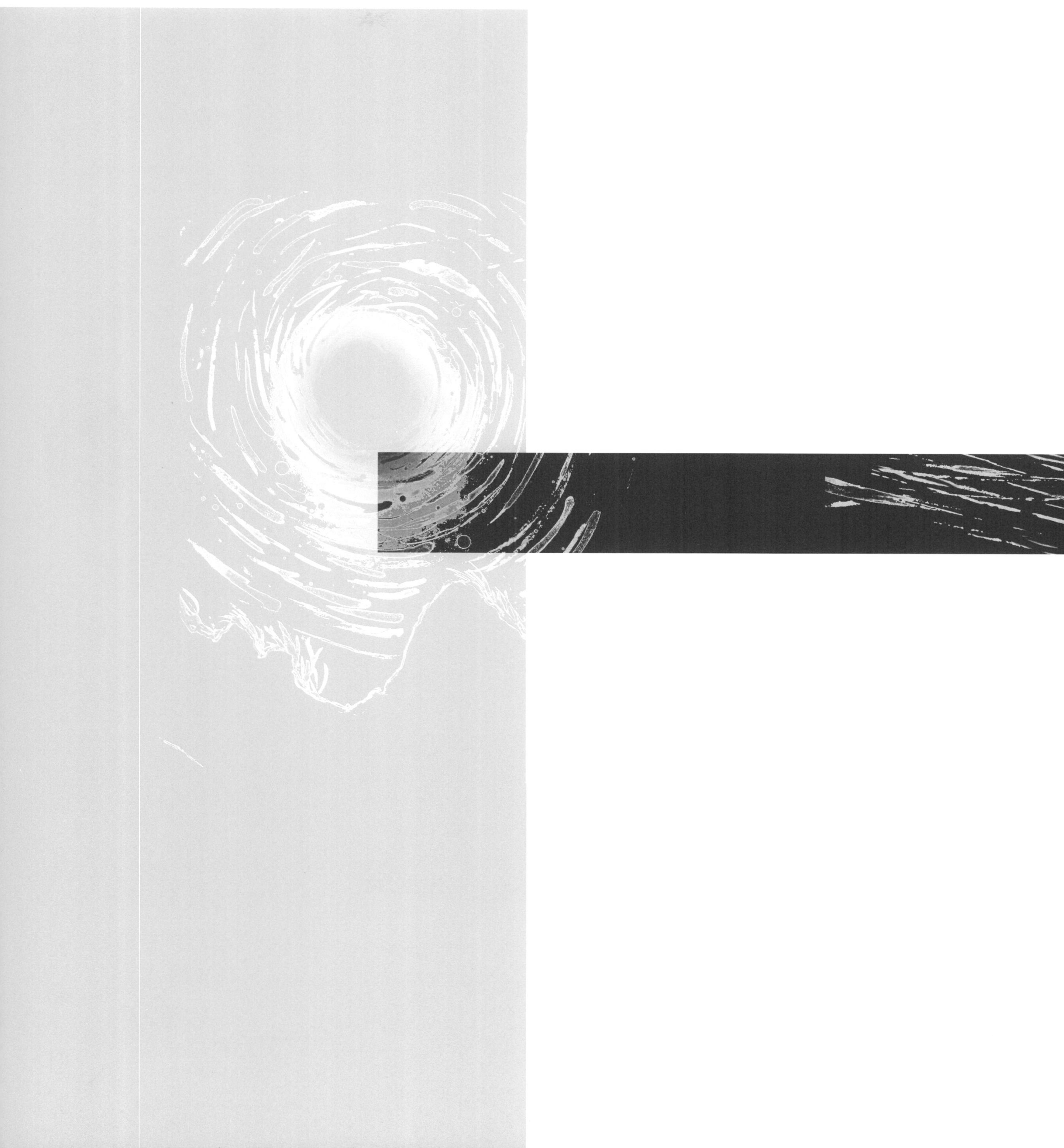

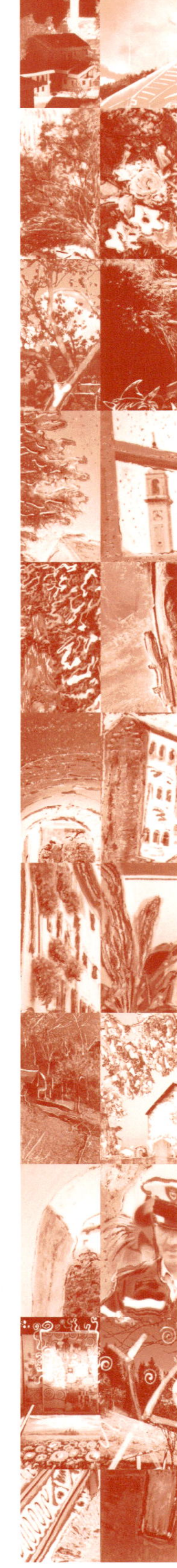

LAGORAI IMMAGINATO

L'IMPORTANZA DELLA MANUALITÀ E DELLA CREATIVITÀ NEL MONDO GIOVANILE

Paolo Crepet

Vi devo innanzitutto raccontare come è iniziata questa storia. Eravamo, Nino ed io, ospiti di un'associazione d'industriali. La sala era bella, al primo piano di un grande palazzo in cima ad una collina, molto verde attorno, ma l'atmosfera era soporifera. Nino si dava un contegno professionale, io ci riuscivo molto meno.

Non ci conoscevamo se non di nome, non c'eravamo mai visti. Sarà stata la noia, o più probabilmente una strana curiosità: quei sentimenti che nascono quando meno te l'aspetti e trapassano, sovvertendoli, distanze e formalismi. Ci siamo messi a chiacchierare, sfogliavo il catalogo del suo ultimo lavoro, mi affascinava l'idea che un grande fotografo avesse ancora voglia di giocare con i bambini, d'inventarsi qualcosa per loro. E non dite che ad una certa età si torna tutti infanti: Nino è un esploratore, lo si capisce subito, basta guardare il suo sguardo. Un uomo che non finisce mai di stupirsi.

Avevamo iniziato parlandoci sottovoce per non disturbare il dibattito, poi, terminata la tavola rotonda, ci siamo messi a pensare ad una cosa da fare assieme, un progetto, come lo chiamava lui. Ovviamente non sapevamo bene cosa avremmo potuto escogitare, soltanto ci piaceva l'idea d'inventarci qualcosa assieme per i ragazzi. Entrambi curiosi di far crescere un confronto tra punti di vista ed esperienze diverse per poi donare un'idea.

E' passato del tempo, ognuno di noi inghiottito dal proprio quotidiano, fino ad una nuova telefonata. Questa volta c'era l'occasione buona: quella che vedete in questo catalogo. Ci siamo rivisti un paio di volte, stessi occhi allegri, stessa ironia, ancora tagliatelle e vino rosso, poi la soddisfazione di con-

THE IMPORTANCE OF DEFTNESS AND CREATIVITY IN THE YOUTH WORLD

Paolo Crepet

I should firstly tell of how this story began. We were -Nino and myself-guests at an industrialists' convention. It was held in a beautiful hall on the first floor of an impressive residence atop a hill immersed in nature, and the atmosphere was one perfect for inducing sleep. Nino managed to present a professional composure, I was having greater difficulties.

We knew of each other by name but had never met. It might have been the boredom or more likely a strange curiosity – one of those feelings that emerge when we least expect them to, penetrating and overthrowing distance and formality. We started chatting, I was leafing through the catalogue of his most recent work, fascinated by the idea that a great photographer still had the desire to enjoy himself with children and to invent something for them. And please do not comment here that at a certain age all adults go back to their childhood: Nino is an explorer, this comes out immediately, just by observing the look in his eye. A man who never fails to surprise.

We were whispering to each other, to avoid disturbing the debate and later, when the round table was over, we began talk of doing something together – a project, as Nino called it. Of course we were unsure of what the outcome might be, we were only certain that the idea of inventing something together for children appealed. We were both interested in developing a comparison between different viewpoints and experiences, which would then reveal an idea.

Time went by, both of us absorbed by our own lives, until one day there was a different phone-call. The right moment had finally come, and the result is what may be seen in this catalogue. We met up again a couple of times, the same lively eyes, the same irony, tagliatelle and red wine once again, and

LAGORAI IMMAGINATO

dividere una passione, un'inclinazione al nuovo.
La fotografia è stata importante nella mia esperienza professionale fin dall'inizio. E' stata uno dei più poderosi grimaldelli per rompere le sbarre dei manicomi, la sola opportunità per far urlare chi la voce gli è stata rapita. Franco Basaglia, con cui all'epoca lavoravo, aveva utilizzato la fotografia in un libro che fece scandalo, come le sue idee: "Morire di classe", testo suo, immagini di Berengo Gardin. Assieme a lui, altri fotografi si sono poi aggregati a questa denuncia collettiva: come Carla Cerati e Luciano D'Alessandro. E più tardi anche Raymond Depardon e Mary Ellen Mark. Assieme a loro organizzai una mostra a palazzo Braschi a Roma: "Inventario di una psichiatria". Da un anno Franco Basaglia era morto e la riforma della psichiatria faceva i primi difficili passi.
La foto, nella nostra opera di guastatori dell'emarginazione del mondo della follia, era diventata poi un mezzo d'espressione non tanto di una patologia –ho sempre detestato l'estetica del dolore: modalità, a volte perfino raffinata, per esprimere la propria distanza dalla diversità dell'altro- quanto piuttosto per esprimere un punto di vista. Ricordo le istantanee di un gruppo di ex-degenti dell'ospedale psichiatrico di Genova, avevano infilato dei guanti sulle lance acuminate di una grande cancellata attraverso la quale si vedeva il mare: tante mani protese verso un'idea di libertà.
Il lavoro che i ragazzi delle scuole della Val Sugana hanno fatto è importante per almeno due motivi.
Il primo è che Nino ha insegnato loro non tanto a fotografare o a lavorare con le immagini, ma soprattutto a fare. Non so se ve ne siete accorti, ma non si fa più nulla: si pensa, si comunica, ci si mostra, ma non si usano più le mani. Ovvero i ragazzi oggi rischiano di perdere la migliore e più diretta occasione per accrescere la propria stima di se stessi, cioè il fare, il dimostrare che si è capaci di creare, manipolare, inventare e realizzare qualcosa di stupefacente. Qualcosa che verrà ricordato, che

also the satisfaction of sharing a passion, an inclination towards the new.
Photography has been important in my professional life, right from the outset. It was one of the most powerful tools for removing the bars from the asylum windows, the only way to give those people whose voices had been kidnapped the opportunity to shout. Franco Basaglia, whom I was working with at the time, had used photography in a book, Morire di Classe, causing a scandal with his texts on 'dying of class' and Berengo Gardin's images. Other photographers also joined this group denunciation, including Carla Cerati and Luciano D'Alessandro, and later on Raymond Depardon and Mary Ellen Mark expanded their numbers. Together we organised an exhibition at Palazzo Braschi in Rome: "Inventario di una psichiatria". Basaglia had died the previous year and the psychiatry reform was taking its first difficult steps. In our work of breaking through the marginalization of the world of madness, the photograph had become a means of expressing a point of view rather than a pathology (I have always loathed the aesthetics of suffering: the manner – even sophisticated at times – of expressing one's own distance from the diversity of a fellow human being). I recall the shots of a group of ex-patients from Genoa's psychiatric hospital. They had placed gloves on the sharp spikes of a large metal gate behind which the sea could be seen: so many hands stretched towards the idea of freedom.
The work that the school children in the Val Sugana area did is important for at least two reasons. The first is that Nino taught them not so much how to take photographs or to work with images, but rather how to make things. I would imagine I am the only one to have noticed that nothing is made any more: we think, we communicate, we show ourselves, but we no longer use our hands. This means that today's generation risks losing the best and most direct occasion for encouraging their esteem of themselves, this being the evidence that they are

parla del proprio autore, del proprio meraviglioso artigiano.
Ripristinare la manualità in epoca di estrema virtualità significa restituire un know-how emotivo ad una generazione che rischia una sorta di "autismo di ritorno". La manualità infatti insegna ai ragazzi a riappropriarsi dell'uso dei propri sensi, ben oltre quello squisitamente tattile: l'uso delle mani porta infatti a odori, gusto, sapori, visioni impreviste, suoni raramente o mai ascoltati.
Il secondo motivo risiede nell'aver trasformato il luogo dell'istruzione, la scuola, nel topos dell'educazione, ovvero della crescita. E come si può mai crescere se non si può esprimere la propria creatività? La scuola diventa finalmente una fucina d'idee e di provocazioni, luogo contaminato e contaminante. Dalla scuola nasce e prende corpo un punto di vista non immaginato del fuori, del mondo fuori: questa contaminazione di gioia arriverà fin dentro le case di quei ragazzi e produrrà sorrisi e stupori, ovvero emozioni vere, non quelle per un sei meno meno in matematica. E non saranno solo i ragazzi e i loro familiari a giovarsi di questa esperienza, ma anche gli educatori che non si sentiranno più come prima, ma avranno capito di essere insegnanti più ricchi e competenti.
Ma al di là di tutto è l'esempio di Nino che è rivoluzionario. Con i suoi quasi ottant'anni e la mente brillante come nemmeno da ragazzi ci si può permettere di avere. L'esempio –unico principio educante- che nella vita ad una cosa sola non si può rinunciare: la passione.
Ecco cosa ha reso possibile questo lavoro. L'idea che la vita sia un'infinita occasione per pensare al nuovo, per non cedere al conformismo, alla noia, alla ripetitività. Non credo ci sia nulla di più educativo di un'esperienza che ti permette di poter credere a tutto ciò, facendo, costruendo qualcosa che poi possa restare lì a dimostrare che le utopie e i sogni non svaniscono all'alba.

capable of creating, moulding, inventing and achieving something astonishing. Resulting in something that will be remembered, that reflects its maker and his or her great abilities.
Reinstating manual skills in an extremely virtual era means restoring emotional know-how in a generation risking a sort of 'induced autism'. Manual skills in fact teach children to repossess the faculty of their own senses, which goes far beyond the exciting tactile one: Using one's hands indeed leads to smells, tastes, flavours, unexpected visions, and sounds rarely or never heard.
The second reason resides in the conversion of a place of education – the school – into a topos of education, a place of growth. And how may we ever grow if we cannot express our own creativity? The school at last becomes a workshop for ideas and stimuli, an influenced and influencing place. A viewpoint not contemplated outside in the external world germinates and develops at school: this contagion with joy will also be taken home with the pupils, warming their environment with laughter and surprise, in other words with real emotions – and not those brought by a bad mark in maths. The children and their families are not the only ones to benefit from this experience: also the educators do. They shall not feel the same as before, and will have understood that they have been more valuable and more competent as teachers.
Going beyond all this, we find the revolutionary Nino. With the nearly eighty years' experience he has accrued and a mind as sharp as many youngsters would like to have. He is the example – the utmost educational principle – that in life only one thing may not be refused: passion. And this is what has made this work possible. The idea that life is an infinite occasion to consider the new, to not give in to uniformity, boredom and repetitiveness. I feel there is nothing more educational than an experience enabling you to believe in everything; that by making, building something the result remains to prove that utopia and dreams do not fade with the dawn.

LAGORAI IMMAGINATO

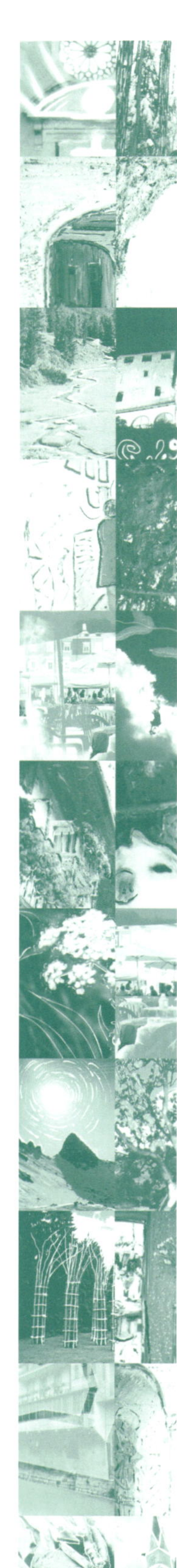

LAGORAI IMMAGINATO

IL FILO DELLE FOTOGRAFIE

Arturo Carlo Quintavalle

Qualche volta si dovrà studiare il come e il quando dei workshop, orribile nome per dire laboratori, laboratori didattici della fotografia in Italia; di solito servono per rendere qualche migliaio di euro a chi li organizza e per farli spendere a chi li frequenta, servono a esibire la immagine di un fotografo che propone quella che nel rinascimento sarebbe stata la sua scuola. Ma tutti gli allievi alla fine si disperdono, del lavoro svolto si dimenticano, tornano alle vecchie abitudini anche se hanno fatto giri in città per documentare la vita quotidiana, giri in campagna per scoprire l'inquinamento, oppure altre esperienze. Infatti i meno sensibili al piacere delle passeggiate all'aria aperta vanno nei vecchi luoghi che un tempo si chiamavano Istituzioni totali, carceri o cliniche psichiatriche, o anche ospedali e case per minori, e documentano quelle vite, quei gesti; ma questo è un genere che aveva senso negli anni '70 e che oggi è ritenuto da troppi invecchiato. Così è evidente che il lavoro del fotografo-artista serve a poco, mentre quello dei fotografi-detective che documentano i luoghi del rimosso, gli ambienti degli esclusi, degli emarginati, non viene accettato; anche per questo la didattica della fotografia resta una esperienza limitata ad un ambito ristretto e comunque con scarsissimo peso sulla produzione dei suoi adepti.
Mi ha incuriosito anche per questo il lavoro di Nino Migliori che propongo in queste pagine, proprio perché Migliori di esperienze didattiche ne ha fatte molte, a cominciare da quelle lontane presso l'Istituto di Storia dell'Arte della Università di Parma, oltre venti anni fa; allora proponeva le immagini legate ai suoi esperimenti Off Camera, quelli che lo hanno collocato ai livelli più alti nella storia della fotografia della seconda metà del secolo scorso, e quindi suggeriva con le sue

THE COURSE OF PHOTOGRAPHY

Arturo Carlo Quintavalle

At some point the how and when of the workshops, of the photography training laboratories in Italy should be studied. Usually, these courses are useful to the organiser for making an attractive amount of money and for having the participants spend it. They are useful in exhibiting an image of the photographer as a person offering what in the Renaissance would have been his school. But once the workshop is over, the pupils go their separate ways, and the work performed is forgotten. The students might have explored their town to document everyday life, or ventured into the countryside to discover pollution, or may have had yet other experiences, but nevertheless they go back to their old habits. Those least sensible to the pleasures of a wander in the country in the open air might head for run-down places once called 'institutions': prisons or psychiatric clinics, hospitals, or even children's homes. Here the budding photographer will probably document those lives and the expression of that existence. This approach had meaning in the '70s but today is considered too dated. Thus it becomes clear that the artist-photographer's work is little valued. That of the detective-photographer documenting forgotten places, the environments of the exiled, the emarginated, his work is likewise not accepted. This contributes further to the fact that photography training remains an opportunity restricted to a limited environment and one that in any case exerts almost no influence on the student's body of work.

This reason further roused my curiosity for the project Nino Migliori presents in this volume, precisely because Migliori has a great deal of teaching experience – the first beginning over twenty years

LAGORAI IMMAGINATO

Ossidazioni, con i Cellogrammi, con i Pirogrammi, un modo nuovo di pensare le immagini; e ancora Migliori proponeva allora esperienze di laboratorio senza usare ingranditore o macchina fotografica. Erano stati momenti importanti, quelli, di una ricerca che aveva, come sempre entusiasmato gli studenti universitari, ma poi anche loro, quasi tutti, credo, hanno proseguito per altre strade, e del resto una facoltà umanistica non è una accademia.

Migliori ha proseguito queste esperienze però ha pensato di spostare indietro i destinatari della sua ricerca, forse perché i giovani, i ragazzi delle medie o dei licei, possono essere più ricettivi, trovare quindi una dimensione diversa, costruirsi una riflessione più complessa sulla manualità e sulle funzioni di un lavoro che si fonda sull'apprendimento di scritture, di tecniche, se si preferisce, del tutto nuove.
La vicenda che qui dunque si deve analizzare è legata a una sperimentazione molto articolata, condotta da un gruppo di giovani attorno a un tema che è emerso progressivamente dal dibattito e dalla analisi della realtà delle immagini entro un preciso contesto. L'idea era quella di ridisegnare, alla lettera, la forma di un territorio, e in particolare quella, terribilmente usurata, del paesaggio di montagna. Dunque le fotografie del Touring Club stanno forse a monte di queste raffigurazioni, ma almeno sono, come nei vecchi volumi blu della serie pubblicata fra le due guerre e dopo, che illustrava le diverse parti dell'Italia, immagini costruite, raffinate, immagini di fotografi di qualità, e penso fra i tanti allo Studio Stefani il cui archivio si conserva al CSAC della Università di Parma. Ma, dopo queste più antiche del Touring, le immagini sono diventate ancora diverse; le inquadrature dei pittori della domenica, quelle legate a un folklore reinventato, tutto questo, coi tramonti e i cieli stampati a macchina nelle cartoline,

ago at the Institute of Art History at the University of Parma. At the time he was offering images connected with his Off-Camera experiments, the ones taking him to the highest peaks in the history of photography during the latter half of the 20th century. With his Oxidations, his Cellograms and his Pyrograms he put forward a new way of thinking of images. Back then Migliori dedicatedly offered workshop experiences without using the enlarger or the camera. They were important moments, moments of research stirring the enthusiasm of the university students. Yet almost all of them, I believe, then went their own ways; and in any case it should be remembered that a faculty of humanities is not an art academy.

Migliori went on with this experience but decided to move back in time in terms of the recipients of his studies, perhaps because younger students (the boys and girls at secondary or high school) are more receptive. They find a different dimension, they build more complex reflections on manual skills and on the purposes of an activity that is based on learning theory and techniques that are, if one wishes, entirely new.
The topic to be analysed here is connected to well-structured experimentation, carried out by a group of pupils on a theme that gradually emerged through debate and analysis of images within a precise context. The idea was to redraw, to the letter, the profile of a territory, this being their overconsumed mountain area. Perhaps the Touring Club photographs are the cause of these cliché representations. However, these images – those in the old blue bindings in the series published between the two world wars and afterwards and illustrating the different parts of Italy – are at least constructed and refined pictures, images by competent photographers, and thinking of the many, Studio Stefani (whose archives are kept at the CSAC at the University of Parma) particularly

LAGORAI IMMAGINATO

edelweiss e baite, mucche al pascolo e controluce, cime imbiancate e laghetti ameni, tutto questo è stato l'armamentario di un banalizzato racconto della montagna. Una specie di sistema retorico ripetuto per abitudine e che rischia di trasformare la lettura dello spazio del territorio che nel frattempo, dal mito del Regno dei Fanes e degli elfi e delle fate, è diventato un'altra cosa, con la speculazione dei villini attorno ai nuclei antichi, con il turismo di massa, con le corriere che invadono i passi insieme alle automobili portando migliaia di sciatori che poi scappano via a sera. Insomma questo mondo reale della montagna è molto diverso dalle immagini in cartolina, o da quelle che i turisti si ostinano a riprendere, caprette e mucche al pascolo, tramonti e improbabili contadinelle; averne coscienza è una di quelle imprese che di solito non si lasciano a un fotografo, e tanto meno a un fotografo come Migliori che, da mezzo secolo, propone una originalissima ricerca sul linguaggio.
Dunque con questo lavoro in Val Sugana, "Lagorai immaginato" portato avanti da maggio a settembre del 2004 con studenti del Polo Scolastico Alcide Degasperi di Borgo Val Sugana si è operata una sostanziale rivoluzione. Migliori ha proposto ai giovani di guardare di nuovo, o meglio cominciare a guardare, non il loro paesaggio ma la immagine che del loro territorio era proposta da Enti Turismo, Pro Loco, albergatori, e che i villeggianti e gli abitanti stessi alla fine recepivano. Migliori ha dunque coordinato una trentina di ragazzi fra i 15 e i 18 anni ed ha proposto loro alcune tecniche. Il "bleaching" permette di intervenire su fotografie già stampate togliendo gli strati del colore con un particolare procedimento; i colori delle foto sono su tre strati sotto cui sta il bianco: il blu, il rosso, il giallo; eliminando uno strato superficiale o più profondo si fanno emergere colori diversi; è una scoperta che Migliori ha fatto fin dagli anni settanta. Prima Migliori aveva rinnovato la lingua della fotografia di ricerca negli anni '40 riprenden-

comes to mind. Yet, after these older images by the Touring Club, the later ones changed. There are pictures taken by Sunday painters, shots tied to a reinvented folklore, with sunsets and skies machine-printed on postcards, edelweiss and log cabins, grazing cattle shot against the light, snow-capped peaks and charming lakes – all of this became the weaponry for belittling the story of the mountains. A sort of rhetorical system repeated out of habit and one threatening to transform the way the area is read. A territory – the land of the legends of the Kingdom of Fanes, elves and fairies – that in the meantime has turned into something else, with property speculation on cottages around the old villages, with mass tourism, with the coaches invading the passes along with the cars bringing thousands of skiers who then depart at dusk. In short, this real world of the mountains is very different to the picture postcards, or to the snaps tourists insist on taking – goats and cows, sunsets and implausible peasant women. Awareness is one of those tasks that are not usually left to photographers, and even less to a photographer like Migliori who, for the last fifty years has been advancing his totally original research into language.
Therefore, with this work on the Valsugana area, *Lagorai Imagined*, developed from May to September 2004 with the pupils at the Alcide Degasperi school in Borgo Valsugana, a significant revolution was put into action. Migliori invited the youngster to look around themselves, not at their landscape but at the images of their territory as proffered by the tourism bodies and hospitality structures, those images perceived by both visitors and residents at the end of the process. Migliori supervised a group of about thirty boys and girls between the ages of 15 and 18, suggesting a few techniques. The first was Bleaching, which enables a photograph to be altered after printing by removing layers of colour through a specific procedure. The colours making up the photo are in

LAGORAI IMMAGINATO

do la tradizione di Fox Talbot e di Bayard, e poi di tanti altri, dialogando quindi con l'informale dagli anni '50 e a lungo in seguito. Migliori ha anche reinventato la fotografia della Polaroid: sulle stampe Migliori elabora interventi con una spatola di bosso da creta, e questa spatola, a seconda della pressione e durata, modifica l'immagine. Sono questi due metodi, legati alla cultura dell'informale, ma anche a quella dell'espressionismo e del surrealismo, appunto perché evocano la tradizione tipicamente analitica delle -scritture automatiche- sono questi due metodi i modelli che Migliori ha proposto ai ragazzi che lo hanno seguito con entusiasmo e con passione.
Perché dunque questa ricerca? Sul piano formale Migliori ha costruito davvero quella che potrebbe anche definirsi una officina, dove un maestro offre gli strumenti, insegna i linguaggi ai giovani e questi operano seguendo le sue indicazioni; è per molti, forse tutti questi giovani, la prima esperienza di creazione di immagine nell'ambito della fotografia, e quindi la linea di indagine che veniva loro proposta era molto complessa, da una parte rinnovare o meglio inventarsi una tecnica, e quindi una "scrittura", dall'altra non appiattirsi sulle indicazioni del -maestro- ma cercare di andare oltre, infine riflettere sul tema proposto, lo spazio del territorio della Val Sugana da rivisitare.
Credo che, sul piano dell'apprendimento di un nuovo linguaggio fotografico la esperienza sia perfettamente riuscita, la qualità delle immagini è spesso alta e comunque di livello. Ma quello che forse più interessa è il rapporto con il mondo circostante che i ragazzi sono venuti proponendoci, perché scandire con colori diversi le immagini, magari segnandole o negandole nella loro originaria articolazione, significa di fatto negarle. Forse anche per questo una delle caratteristiche più evidenti di queste fotografie, e parlo della -base- delle immagini prima degli interventi, è di essere le consuete foto di paesaggio, le foto degli sciatori sulle

three layers – blue, red and yellow – under which white is found. By removing upper or deeper layers different colours may be made to emerge. It is a discovery Migliori made some years ago. Prior to this Migliori renewed the language of research photography in the 1940s by returning to the Fox Talbot and the Bayard approaches, and then to those of many others, dialoguing with the Informal in the 1950s and for some time after. Migliori also reinvented Polaroid photography: intervention on the prints takes place using a boxwood spatula for clay and this tool, depending on the pressure and duration of exertion, changes the image. These are the two methods – both tied to the Informal culture but also to Expressionism and Surrealism – he taught. And it is because they belong to the typically analytical approach of 'automatic writing' that Migliori chose to convey precisely these to the pupils, who followed him with great enthusiasm and passion.
Why exactly this research? On an educational level Migliori truly created what could be called a workshop, where a master offers tools and teaches a variety of languages to the apprentices, who practice following his suggestions. It was for many, perhaps all, of these children the first experience of image creation in the photographic context, and therefore the line of investigation they were faced with was a very complicated one: on the one hand to renew, or even better invent, a technique and therefore a 'vocabulary'; on the other, to not limit themselves to the instructions from the 'master' but to go beyond; and lastly to reflect on the theme put forward, that of the Valsugana territory revisited.
I believe that, in terms of learning a new photographic language, the experience was an entirely successful one: picture quality is often very high and in all cases acceptable. Yet perhaps the most interesting aspect is what these youngsters submit to us of their relationship with the surrounding

LAGORAI IMMAGINATO

piste, dei boschi, dei fiori, delle piazze di paese, insomma immagini ovvie, banali, per giunta trascritte con i colori dalle consuete dominati rossicce o arancione imposte a livello tecnico di stampa dalle case produttrici e non certo scelte dai fotografi. Ma allora come intervengono i ragazzi? La tecnica del bleaching si accompagna quasi sempre a interventi ulteriori, fatti segnando contorni, accentuando scarti cromatici, come se le immagini di base dovessero essere riscritte, ripensate. La lingua usata è, ripeto, quella dei graffitisti e insieme quella degli espressionisti tedeschi, dunque linguaggi -artistici- molto diffusi. Riflettiamo meglio, a questo punto, sul lavoro dei giovani.

Che cosa hanno cancellato, che cosa esaltato, che cosa obliterato? In una immagine alquanto ovvia, quella col profilo dei monti e i tipici scalatori con racchette sul ghiacciaio, si sono limitati a scaldare con contorni di fuoco, vere fiamme, i contorni delle figure in basso e i profili dei monti utilizzando, una ovvia citazione da Van Gogh per segnare il cerchio del sole. In una veduta di bosco e case l'operazione è consistita nel segnare tronchi e edifici, determinando un singolare effetto da xilografia. In un'altra foto con case su un canale e ponte, l'intervento più vibrante è quello sull'acqua trasformata in una pustolosa texture informale. Anche la macchina sotto la neve si ritrova con il profilo sottolineato esattamente come i profili dei tetti delle case, quasi luminarie di un improbabile Natale. Un campanile quasi grigio è segnato da lampi violacei mentre sgocciolature dello stesso tono investono il cielo. Un altro paio di immagini rispecchia questo comunque attento rispetto della struttura esistente: un paesaggio di alberi con nubi sfilate di luce è attraversato da un aquilone violaceo, e i bordi delle fronde si tingono dello stesso colore. Un paesaggio con case bianche di nuovo sottolinea i tetti, ma anche le piante al fondo di un filo rossiccio. Una casa su palafitte contro un campo bianco di neve è sottolienata nei contorni

world, because articulating the images with different colours, perhaps marking or denying their original identity, means in fact rejecting these pictures. This may be why one of the most evident features of these photographs – and I refer to the 'base' image before intervention takes place – is that they are the common pictures of landscapes, skiers on the slopes, woods, flowers, village squares...In short, obvious banal images that are transcribed with the usual dominant reds or oranges favoured by advertising companies and printing firms and certainly not by photographers. So what interventions have the pupils made? The Bleaching technique is almost always found with subsequent processes, applied to draw attention to outlines, accentuating colour rejections, as if the base image had to be rewritten, redesigned. The language used is that of graffiti artists along with the vocabulary of German Expressionism, these being the most widespread 'artistic' languages. Let us at this point reflect a little better on the work by these boys and girls.

What have they erased, what have they emphasised, and what have they obliterated? In a somewhat obvious image, one with the mountain skyline and the classic climbers with their ski sticks on the glacier, the pupil has restricted change to warming with fire, with real flames, applied to outline the figures below and the silhouette of the mountains, also including an obvious Van Gogh hallmark in circling the sun. In a view of a forest and houses, the tree trunks and buildings are marked, creating an unusual wood-cut effect. Another photo with houses and a bridge over a canal, and here the most vibrant intervention is found on the water, which has been transformed into an Informal pustular texture. The car in the snow is also found with its outline accentuated, just like that of the house roofs, which seem almost lit up in a far-fetched Christmas. A near-grey church spire is marked by violet flashes, whilst

LAGORAI IMMAGINATO

da colpi di rosso, come l'albero che le sta accanto. Alcune fotografie lavorano anche sui fiori, una specie di tema obbligato del turismo montano: le stelle alpine diventano fiammeggianti ma contro un fondo marezzato ancora informale, mentre altri fiori violacei appaiono immagini inventate. Poi vi sono delle immagini che propongono interventi più strutturali.
Quella dello sciatore su una neve bruna, contro lampi arancione e giallo e staccionata bianca, dietro profili di case come nei dipinti di Sironi, mi sembra una invenzione nuova, carica di volontà di proporre un nuovo racconto. Un'altra foto mostra una staccionata di legno, legno colto nella sua realtà fisica, mentre tutto il fondo è un magma informale a dominati rosse e gialle. In un'altra immagine si mette insieme come un collage una serie di foto: paesaggi e Madonna Sistina, arte Jugend e pubblicità di scooter; domina l'insieme una veduta di girasoli modificati in chiave post-impressionista. Un'altra immagine reinventa lo spazio quasi surreale di un bosco che racchiude una radura: un gruppo di alberi si trova avvolto in un traliccio di fiammeggianti lingue giallastre e rosse, invenzione degna della Land Art.
Ma diversi giovani si sono avvicinati alla ricerca tenendo conto di complesse esperienze: uno ha costruito un tronco viola, delle fronde gialle e rosse, insomma ha inventato un nuovo albero, eliminando lo spazio, e forse una figura sotto l'albero stesso. Un altro ha composto in puro stile neo-espressionista una immagine con tronco, sole, fronde, cuore, come in Jim Dine e poi in Schifano (o magari come nelle cartoline dei fidanzatini viste in tabaccheria), finendo per creare una figurazione del tutto lontana dalla realtà ma di grande fascino E sono surreali le immagini della campagna con staccionata e sospese forme di triangoli, spirali, stelle, come un viaggio dentro un universo sconosciuto. In un' altra fotografia un albero violaceo in primo piano scandisce la consuetudine di una casa

drippings in the same tone spread across the sky. Two more images reflect this nevertheless careful respect for the existing structures: a wooded landscape with clouds interspersed with light is crossed by a purplish kite, the edges of its tails tinted with the same hue. A landscape with white houses once again sees the roofs underlined, along with the plants at the end of a reddish line. A house on stilts against a white field of snow is outlined with dashes of red, and likewise the tree to its side. A few of the photographs have also worked on flowers (almost a compulsory theme for mountain tourism): the edelweiss blooms flame but against another Informal watery ground, whilst other violet flowers have the appearance of invented images. Then there are the photographs exploring more substantial intervention.
There is the one of the skier on dark snow against orange and yellow flashes and a white fence, all to the backdrop of houses as in a Sironi painting, and this image gives me the impression of a new invention, one loaded with the desire to tell a new tale. Another photo shows a wooden fence, the wood captured in its true physical aspect, whilst the entire background is an Informal magma dominated by reds and yellows. Another image presents a series of photos put together like a collage: landscapes and the Sistine Madonna, Jugendstil and scooter adverts; a view of sunflowers altered in a Post-Impressionist key dominates. A different picture reinvents the almost surreal space of a wood surrounding a clearing: a group of trees are enveloped in a lattice of flaming red and yellowish tongues, an invention worthy of Land Art.
But many of these youngsters have approached the research encompassing complex exploration: one has built a violet trunk with red and yellow foliage, which has become practically a new tree, removing the space and perhaps the figure beneath the tree itself. Another has, in pure Neo-Expressionist style, composed an image with a

LAGORAI IMMAGINATO

sotto la montagna mentre ancora una volta un albero si sovrappone all'insieme dello spazio di una piazza. E ancora una grande stella illumina una baita, a sua volta segnata nelle forme non semplicemente ripassando i contorni ma intervenendo all'interno

Un paio di immagini appartengono a un genere di ricerche diverse: proteggendo con lo scotch una zona delle foto si isola una parte della foto con i colori tradizionali e si interviene attorno; così accade per una piazza con gente al caffè, che assume una dominante rossa. In un altro caso un gatto su una tavola di legno viene sospeso su un deposito di legname, colori naturali di gatto e asse, rossi dominanti per il resto della fotografia.

Che cosa possiamo ricavare da questa ricerca? Prima di tutto che i ragazzi si pongono davanti al proprio paesaggio in un atteggiamento ambivalente; da una parte le parole e l'esempio di Migliori hanno fatto loro scoprire un mondo e una nuova prospettiva di ricerca; naturalmente alcuni hanno voluto accettare quel mondo, altri in parte negarlo, e lo hanno fatto con metodi diversi, con la cancellazione cioè la rimozione, oppure con lo spostamento, di intere parti delle fotografie attraverso il bleaching; quanto alle Polaroid, pure numerose, esse hanno dimostrato come vi sia qui comunque un rispetto più sostanziale delle immagini di partenza che può forse essere più facilmente superato davanti a spazi maggiori, e alle tecniche del bleaching che impongono comunque tempi più lunghi, anche delle ore, prima di giungere alla realizzazione finale.

La qualità di queste opere è degna della "scuola" di Migliori; una parte di queste verrà utilizzata dagli Enti Turismo per proporre una nuova immagine, meno usurata, della montagna. Ma dobbiamo porci adesso un altro problema: Migliori dedica se stesso, con sforzi enormi, credo, e con grande passione, all'insegnamento ai giovani, ma questo insegnamento che ha prodotto in poco tempo qui

trunk, sun, vegetation and heart, as seen in Jim Dine and later in Schifano (or even on the postcards dating teenagers buy each other from the stationer's), ending up creating a representation very far from reality but with great appeal. And the images of the countryside with fences and suspended triangular, spiral and star-shaped forms are surreal, bringing to mind a journey through an unknown universe. The purplish tree standing in the foreground of another photograph marks the conventionality of a house at the foot of the mountain, whilst yet another tree in a separate image is superimposed on the space of a square. A great star lights a log cabin, which in turn is treated not simply by going over the outlines but by intervening from the inside.

A couple of images belong to a different type of exploration: by protecting a certain area with masking tape, a part of the photo with customary colours is isolated and the surrounding area is treated. This is seen in a square with people at the café, which takes on a dominant red. Another example shows a cat on a wooden board suspended over a wood pile: natural colours for the cat and plank, dominant reds for the rest of the picture.

What may we derive from this investigation? First and foremost that these boys and girls have faced their landscape with an ambivalent attitude. On the one hand the words and example given by Migliori have opened a new world and new research horizons to them. That some of them have wanted to accept this world and others to reject it is natural, and they have done so with a variety of methods. Through Bleaching they have opted to erase – constituting removal – or to shift whole sections of the photographs. As far as the Polaroids are concerned – and there are many examples – they have demonstrated that here there is a more inherent respect for the initial image, and this attitude may be more easily overcome with greater spaces and the Bleaching tech-

risultati così stimolanti potrà essere proseguito? Oppure i ragazzi, ancora una volta, dimenticheranno queste possibilità espressive? E che effetto avrà questa riflessione sugli spazi di vita sulla esistenza dei giovani, fra l'altro una parte limitata rispetto alla popolazione scolastica della scuola? Il problema vero è forse che esiste un solo Migliori e che gli altri fotografi, e ancora i professori che insegnano l'immagine nella scuola, quasi sempre hanno altre esperienze e compiono altre scelte. Migliori sostiene che ciascuno ha la possibilità di apprendere linguaggi espressivi e creare quindi delle immagini, ma la realtà è che ci si scontra sempre con enormi difficoltà di comunicazione, soprattutto quelle che nascono da una stratificata educazione a una icona banale o ovvia, e dunque non facilmente modificabile.

Le lingue introdotte da Migliori ai giovani e qui da loro usate sono quelle appunto dei graffitisti americani, ma anche europei, e dei post-espressionisti tedeschi, Kiefer, Baselitz, per citarne due soltanto. Ma come hanno reagito alla provocazione di Migliori i giovani? Essi hanno manifestato un atteggiamento critico rispetto alla realtà che li circonda: bosco come sogno, case di fuoco, spazio del caffè dove vanno i benpensanti ritagliato, e poi alberi come presenze nuove, di rottura, veri autoritratti viola piazzati davanti alla casa, oppure sovrapposizioni dentro un contesto di vita di paese. Ecco, alberi come luogo di auto-identificazione, alberi colorati, antagonisti al mondo dei colori normali e delle forme tradizionali.

Un'ultima considerazione: Migliori ha creato anche qui una sua scuola; così questi giovani, quelli che proseguiranno, dovranno trovare una dimensione diversa, un racconto nuovo, partendo magari proprio dalla scoperta di queste nuove forme di scrittura. E forse allora penseranno che quel modo di segnare, quel modo di lavorare sul foglio, quel modo di cancellare o di fare emergere forme è esattamente il lavoro delle scritture auto-

niques that however require more time (hours even) before the final result is achieved.

The quality of these works is worthy of the Migliori 'school'. Some of them shall be used by the tourism promotion bodies to offer a new, less cliché image of the mountains. Nevertheless, at this point we must also look at another problem: Migliori is dedicated to teaching youngsters and he channels, I believe, a great deal of energy into it. Yet can this education that in a short time has produced such stimulating results be continued? Or will it be that once again these young people will forget about the expressivity possibilities explored? And what effect will this reflection have on the living spaces and existence of these youngsters who are in any case a limited sample group compared to the entire school-age population? The real problem is perhaps that there is only one Migliori and that other photographers, along with the school teachers instructing on image reading and creation, almost always have other backgrounds and make other choices. Migliori is a supporter of the idea that everyone is capable of learning languages of expression and of then creating images, but the truth is that huge communication obstacles always get in the way, and particularly those originating in a layered education or a banal or obvious icon, which is not easily altered.

The languages Migliori introduces these teenagers to, the ones we see used here by them, are the vocabularies of the American and European graffiti artists and of the German Post-Expressionists Kiefer and Baselitz, to specify just two examples. But how did these boys and girls react to Migliori's stimulation? They showed a critical approach to their surrounding context: forests as dreams, houses on fire, taking space from the café where the self-righteous go. Then trees as new presences and a break with the past, authentic violet self-portraits placed in front of home, or overlaps in the context of village life. Or trees as a place for self-

LAGORAI IMMAGINATO

matiche dei surrealisti oppure, se preferiscono, una forma di auto-analisi, un modo per fare emergere le pulsioni dell'es, per farle affiorare, come i colori che emergono col bleaching. Ma, per capire, si dovrebbero vedere molte opere di ciascuno dei giovani, e questa certo sarebbe un'altra storia, ovviamente -analitica-, che però davvero io non saprei raccontare.

identification, coloured trees, as antagonists to the world of normal colours and customary shapes.
A last consideration: Migliori has created his own school here too. In this way these young people, those of them choosing to pursue this research, shall have to find a different dimension, a new story, maybe setting off from these new forms of writing, the new vocabulary. Then perhaps they will think that that way of marking, that way of working on the sheet, that way of erasing or of extracting forms is exactly the work of the automatic writing of the surrealists or, if they prefer, a type of self-analysis, a way to make the force behind one's identity emerge, to make it surface, just like the colours emerge from the Bleaching. However, many works by each of these teenagers would have to be seen in order to understand this, and that of course is another story, an obviously 'analytical' one, that I certainly would not know where to start telling.

IMMAGINI

LAGORAI IMMAGINATO

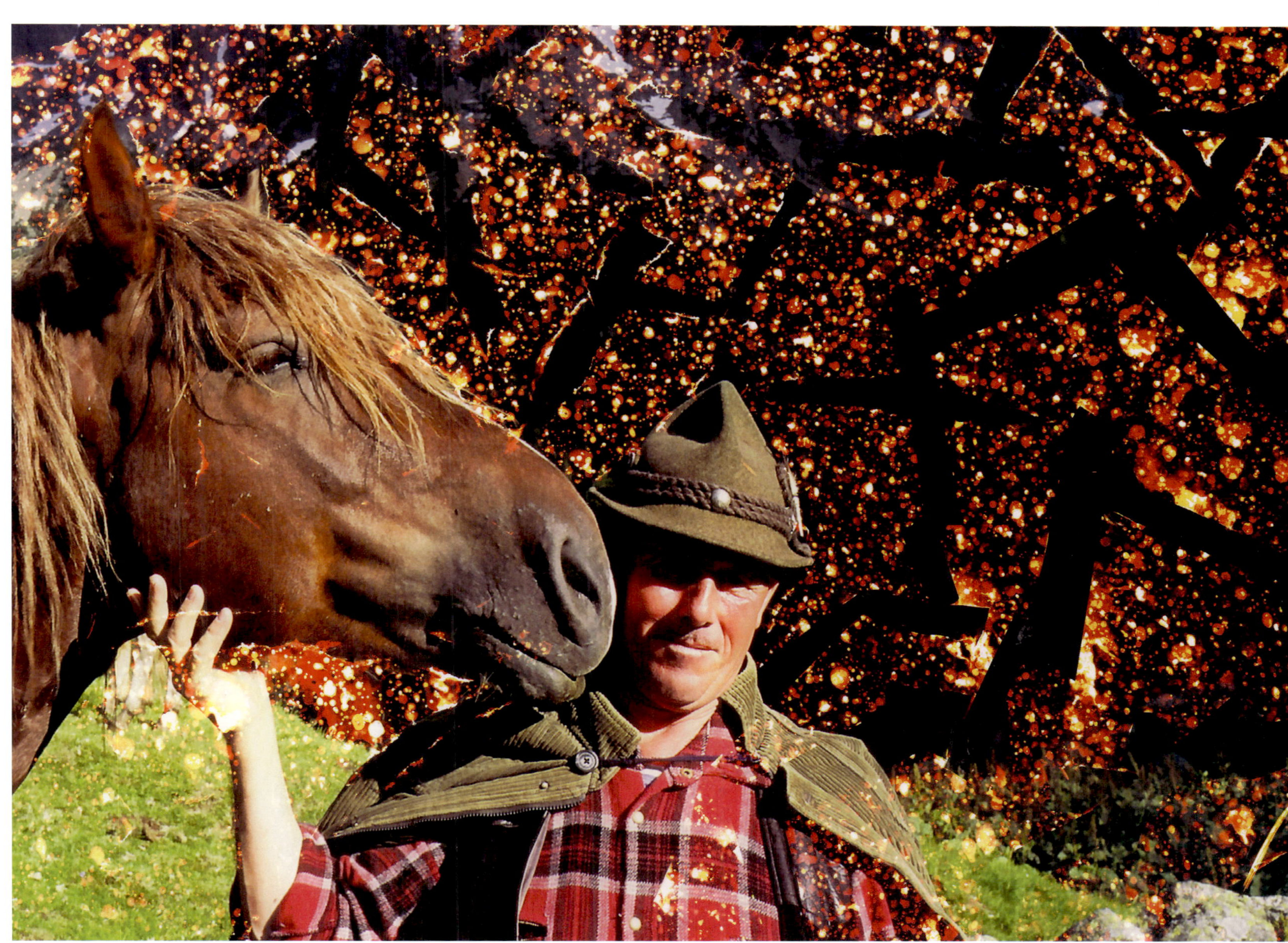

LAGORAI IMMAGINATO

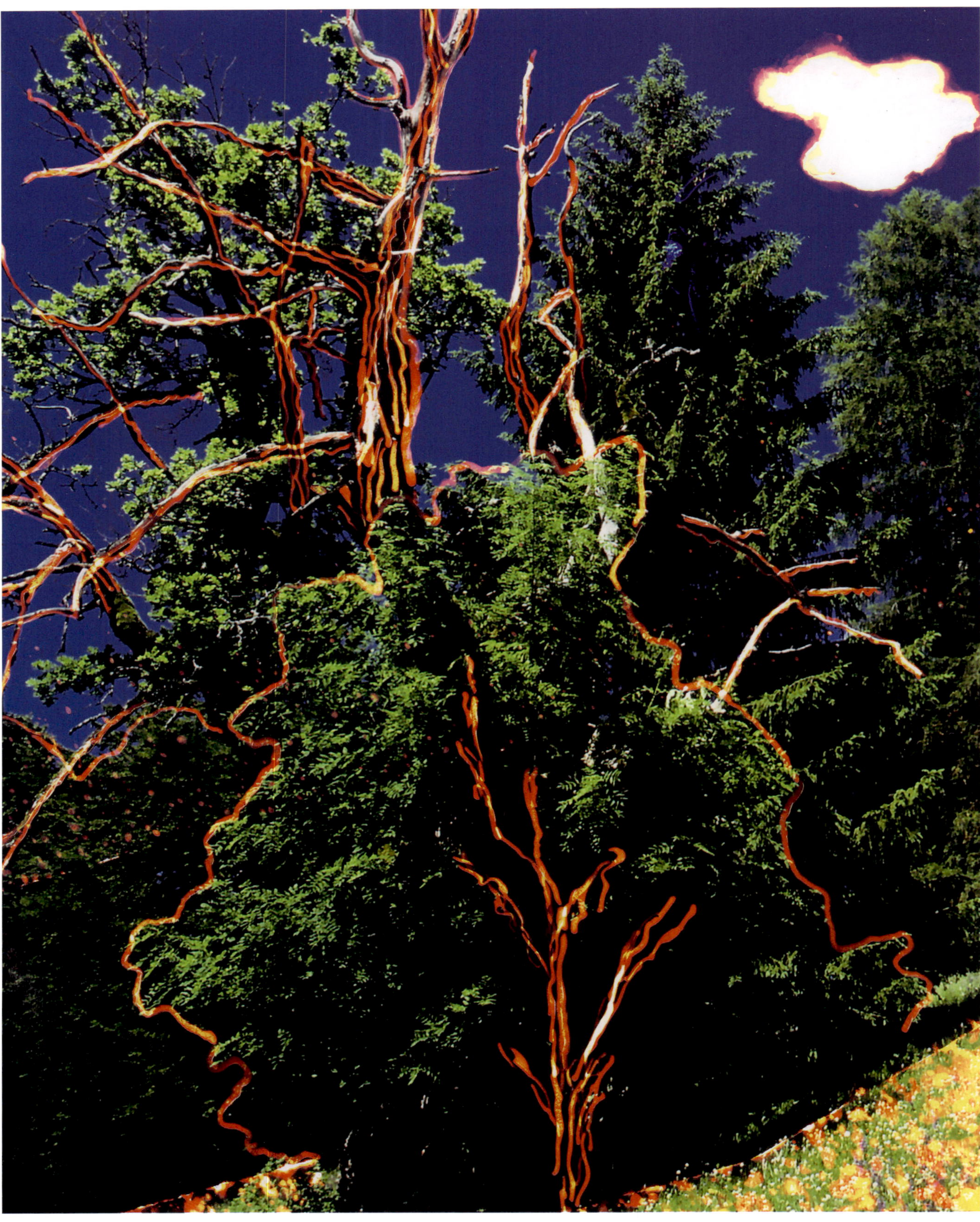

LAGORAI IMMAGINATO

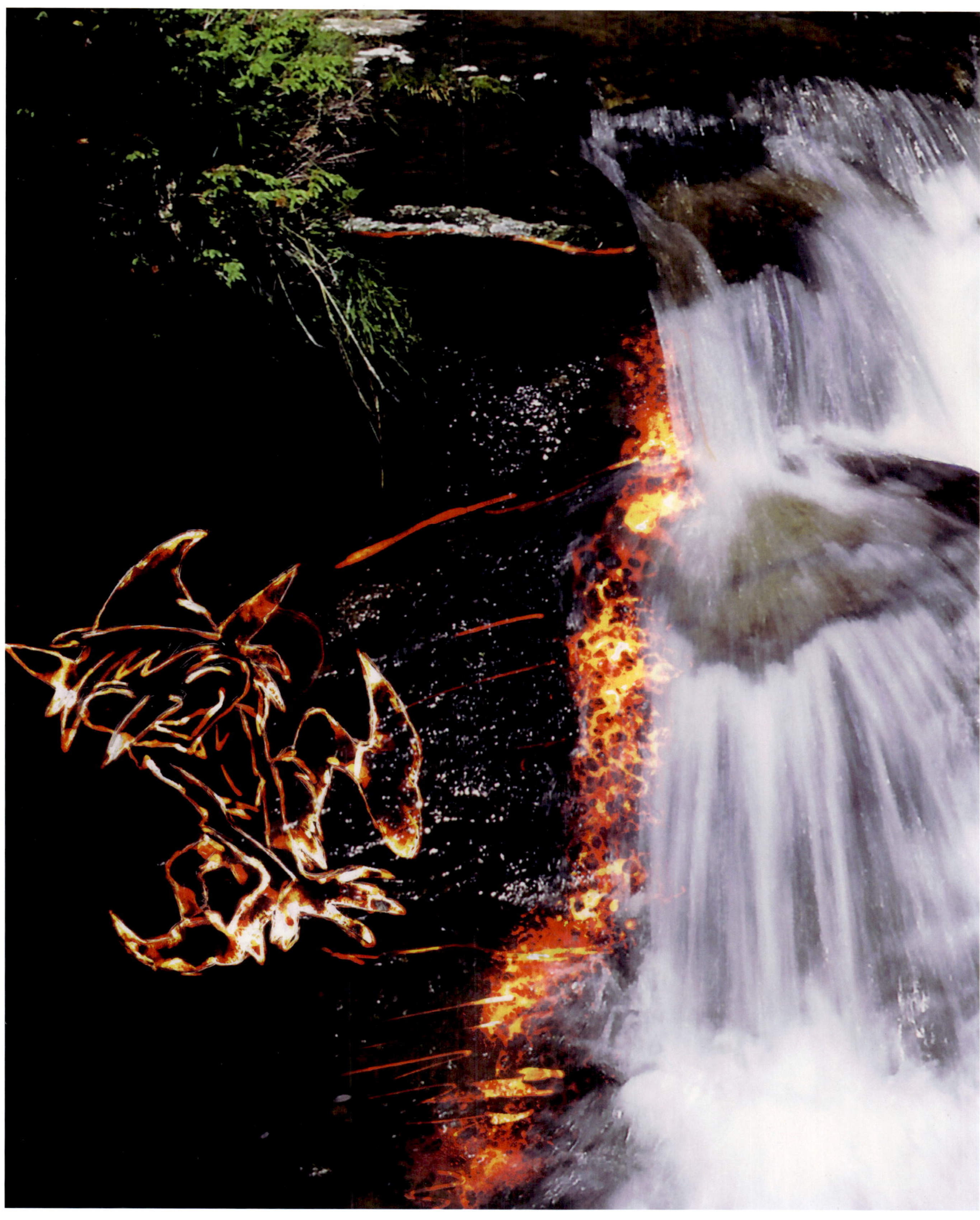

LAGORAI IMMAGINATO

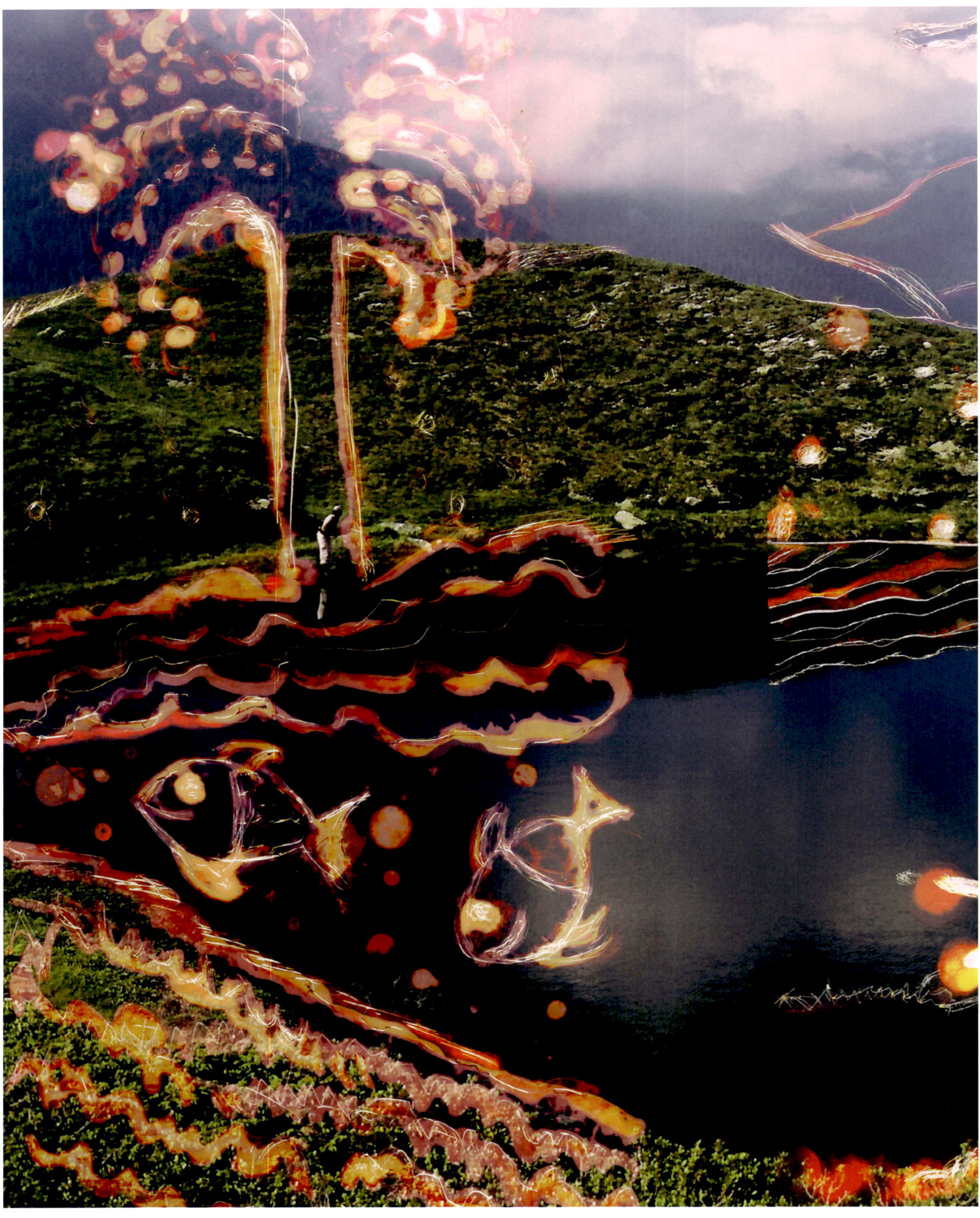

LAGORAI IMMAGINATO

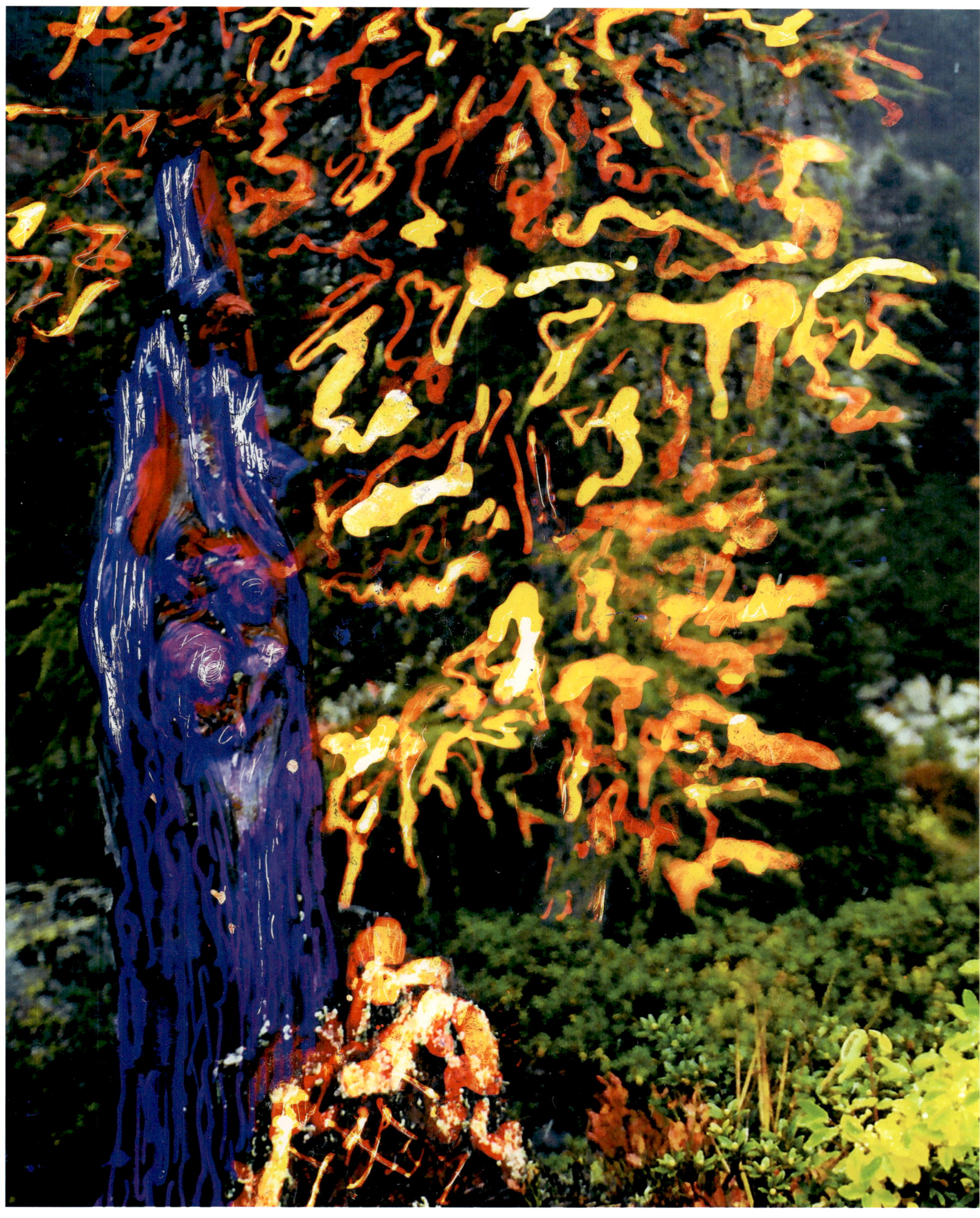

LAGORAI IMMAGINATO

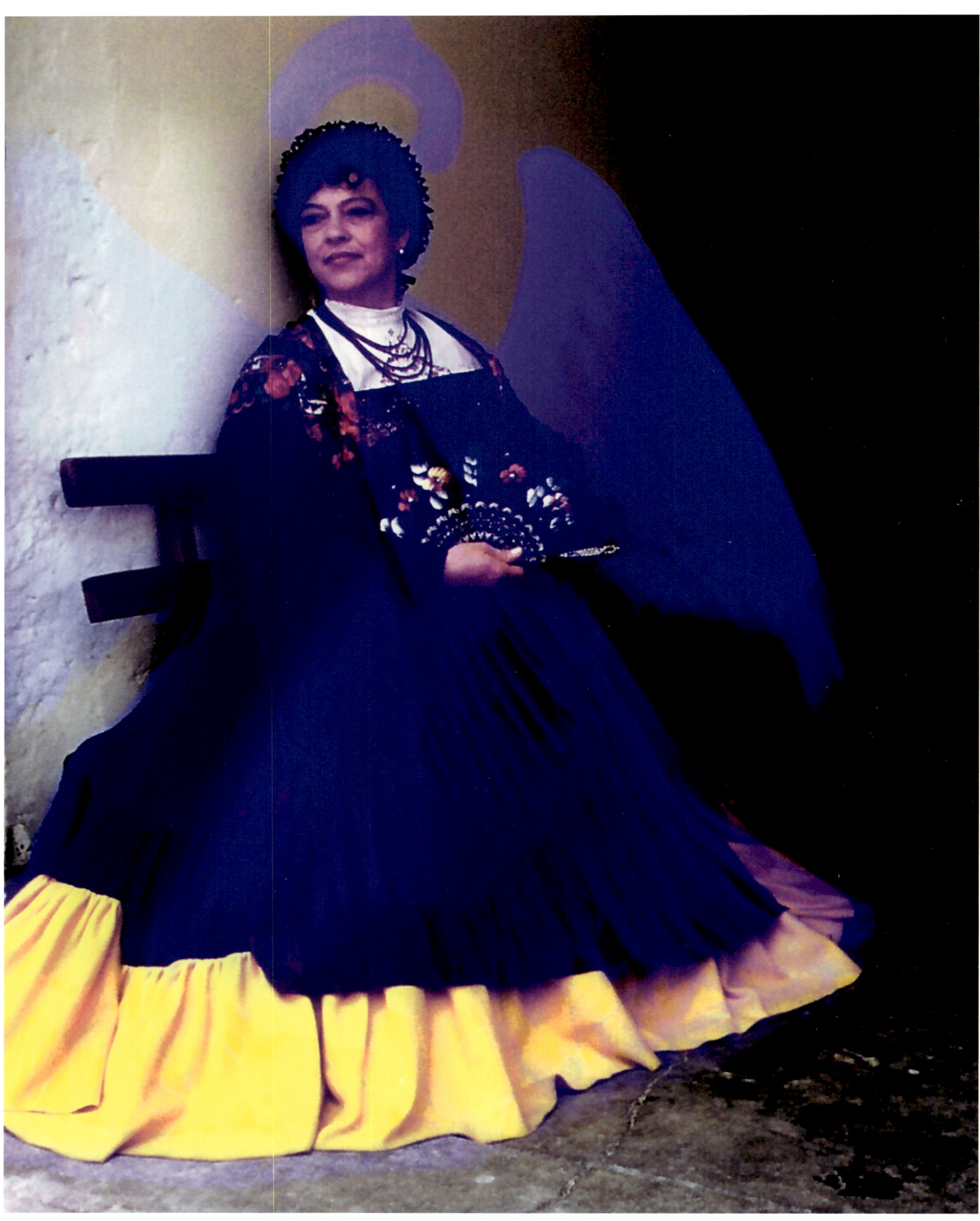

LAGORAI IMMAGINATO

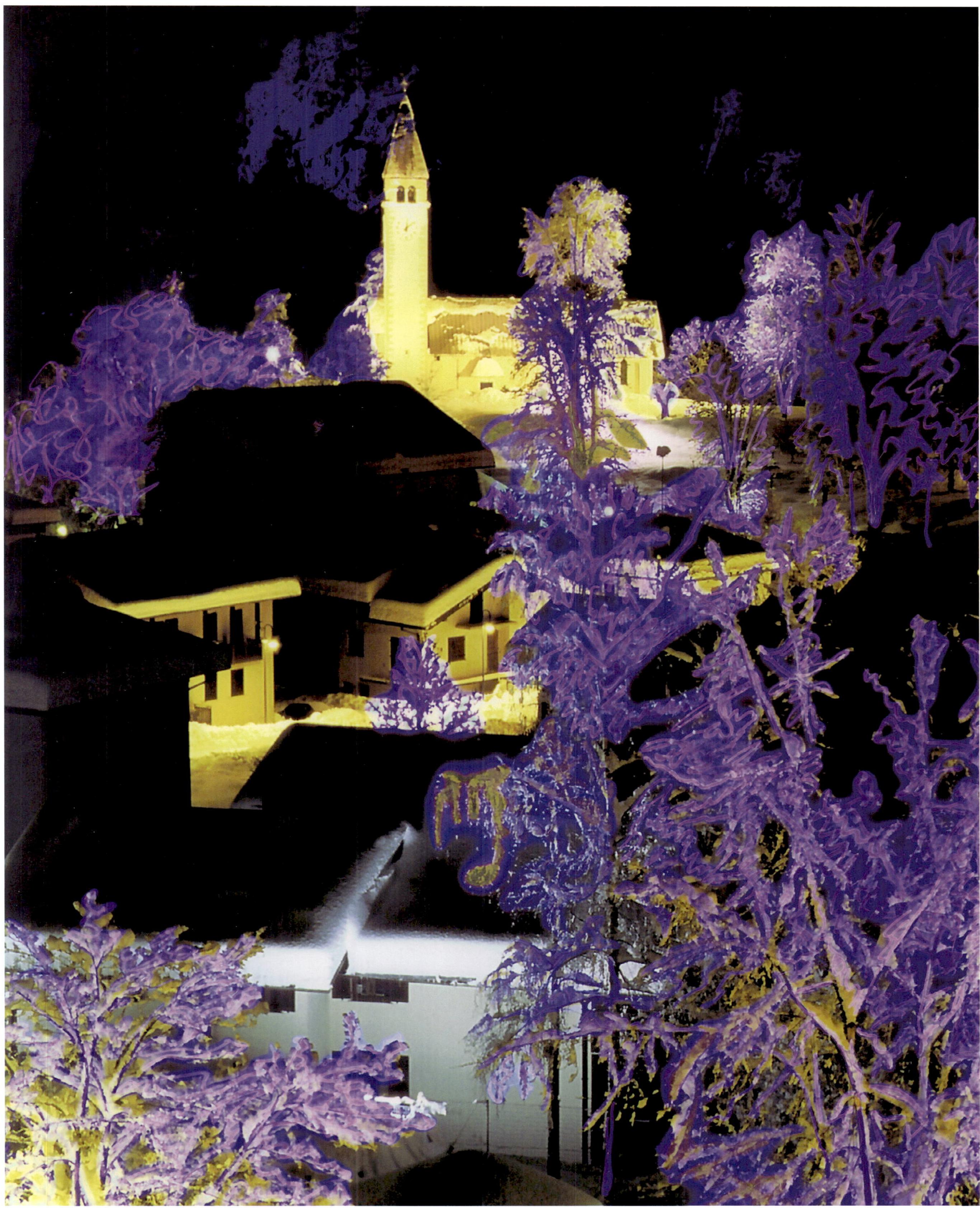

LAGORAI IMMAGINATO

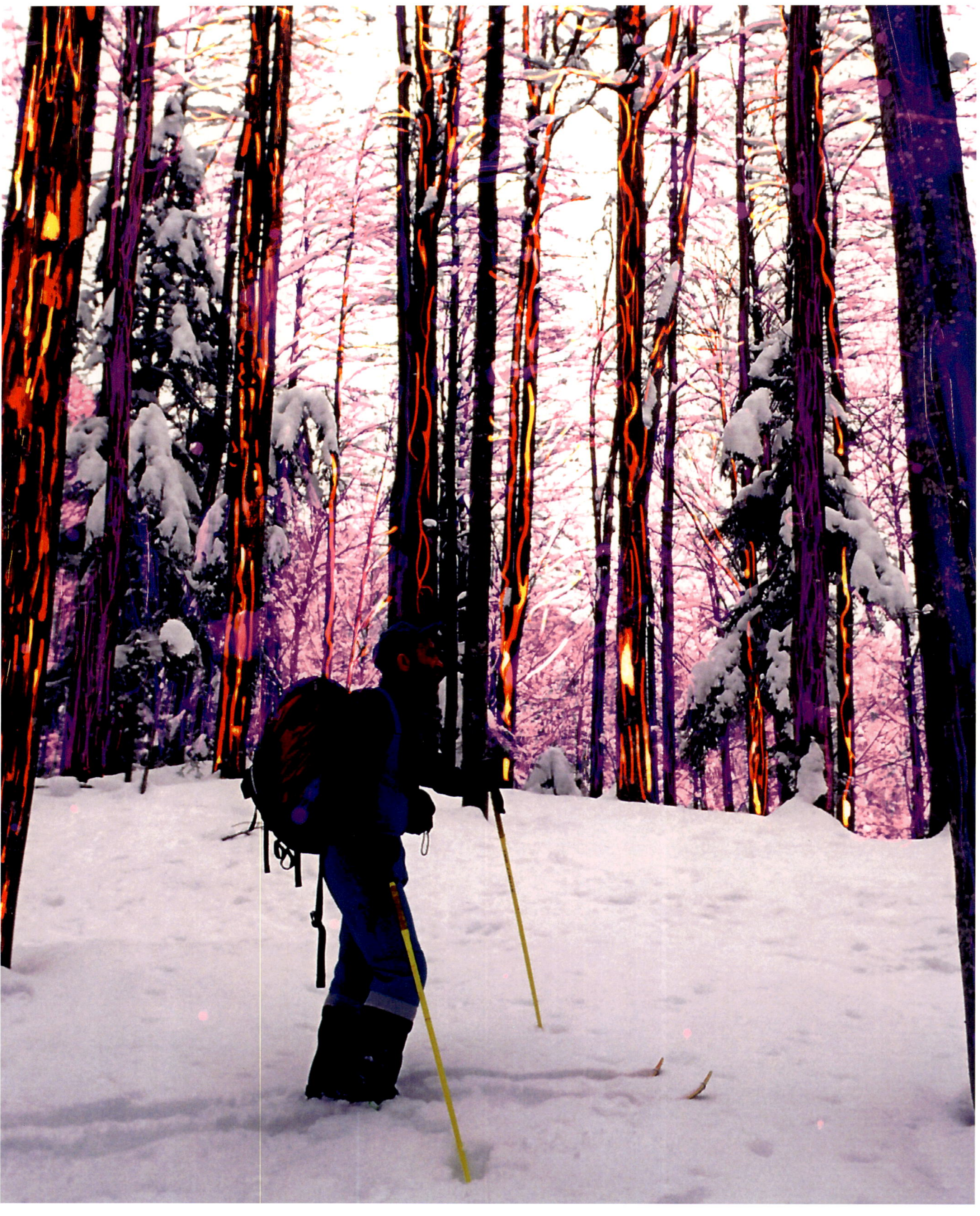

LAGORAI IMMAGINATO

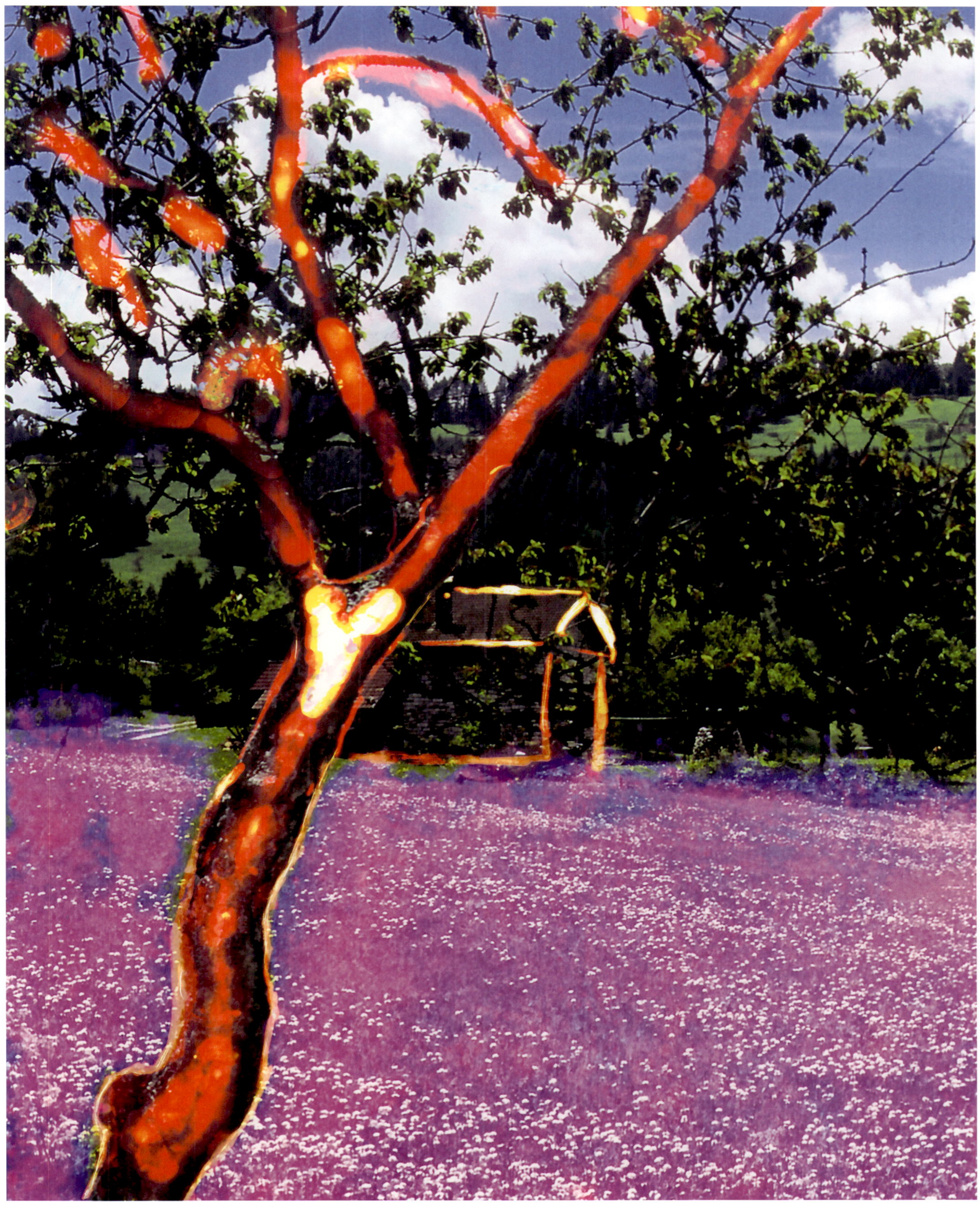

LAGORAI IMMAGINATO

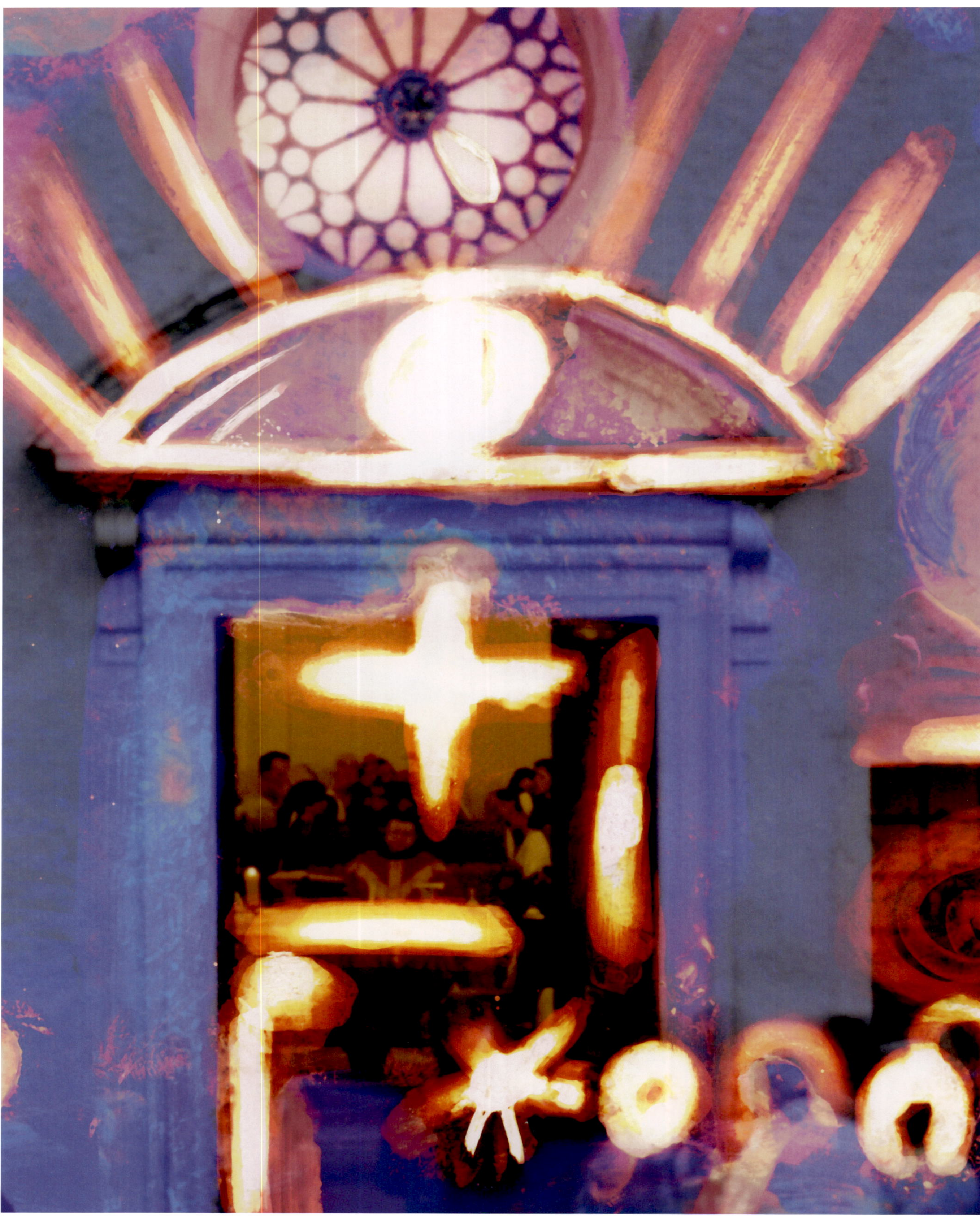

LAGORAI IMMAGINATO

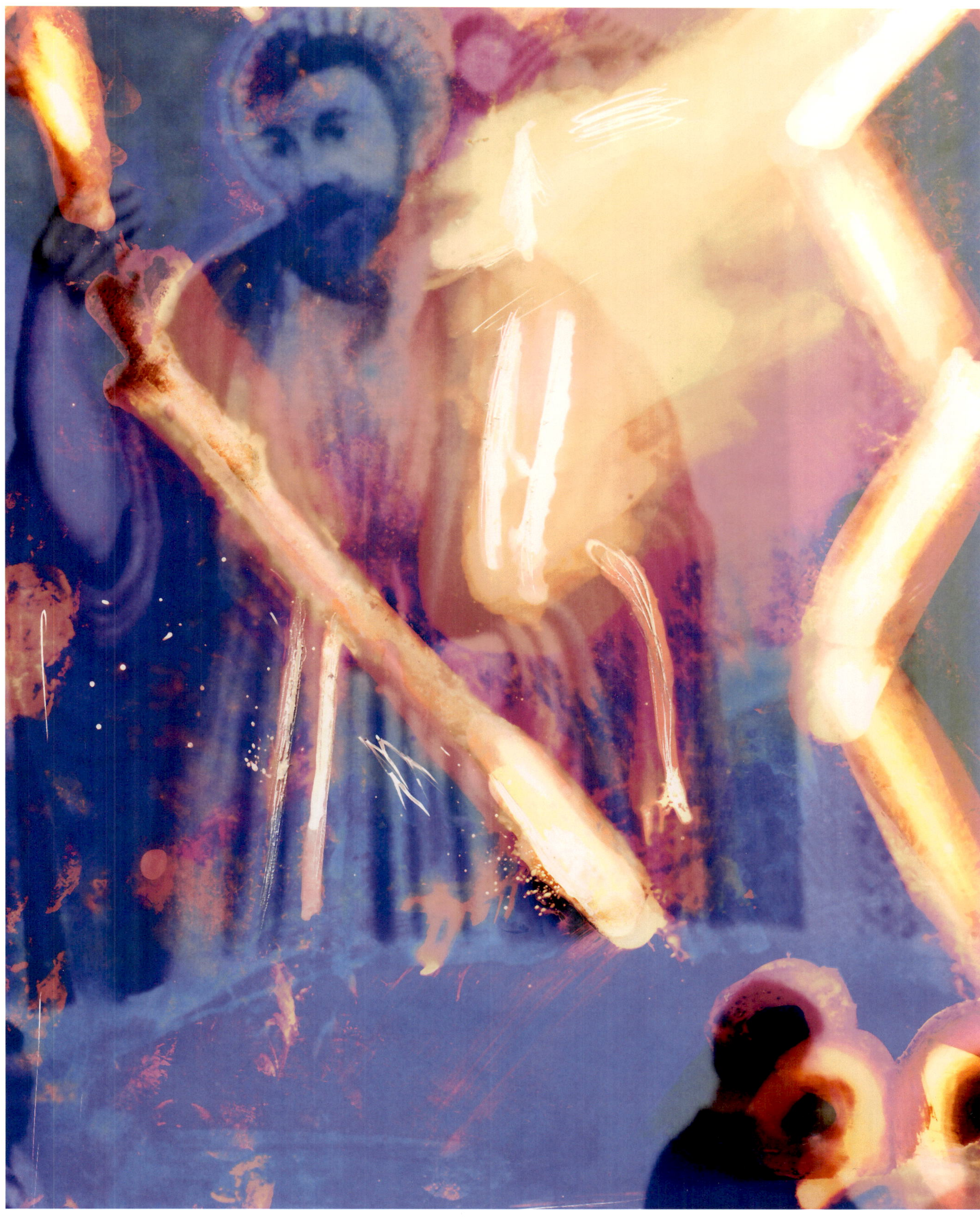

LAGORAI IMMAGINATO

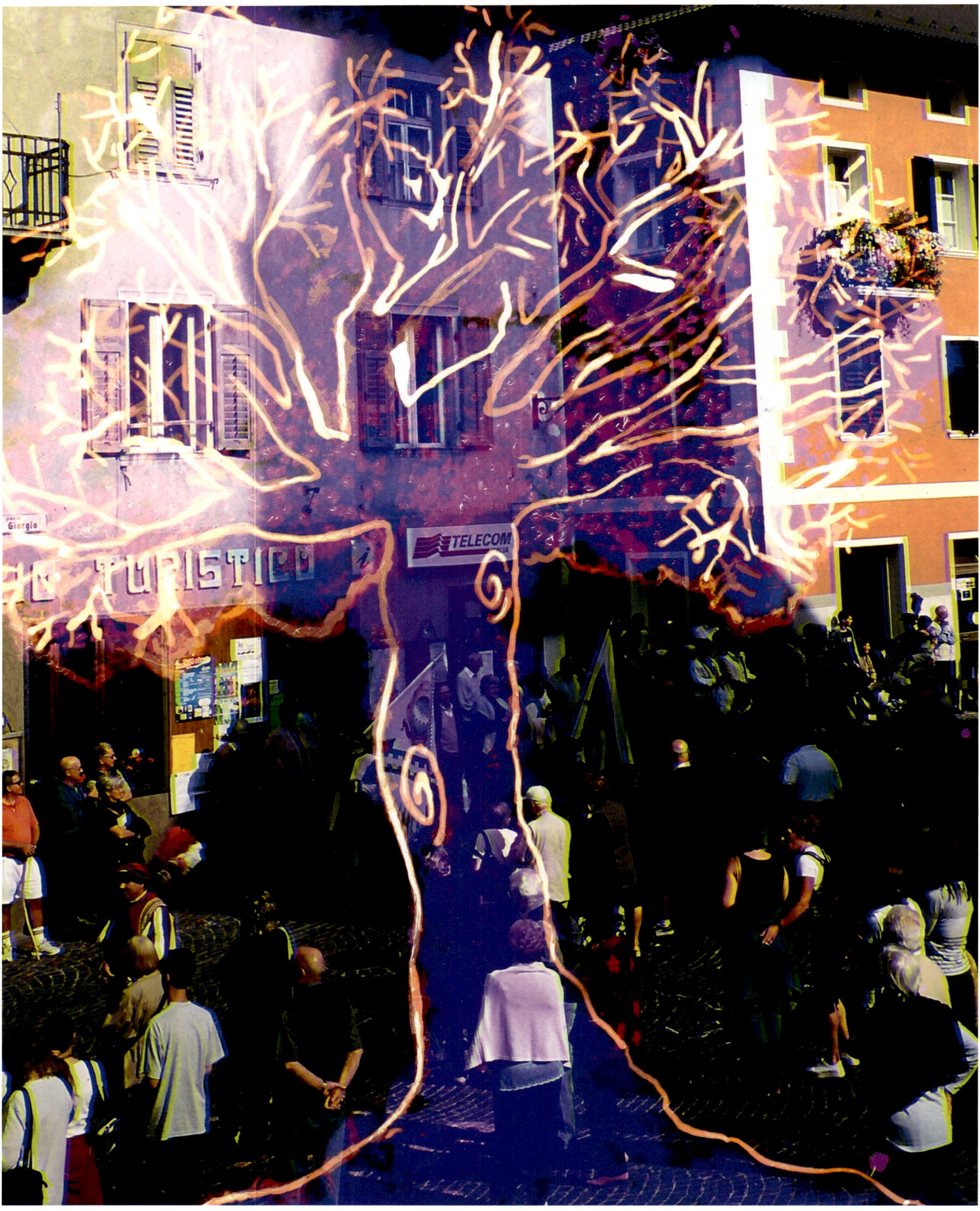

LAGORAI IMMAGINATO

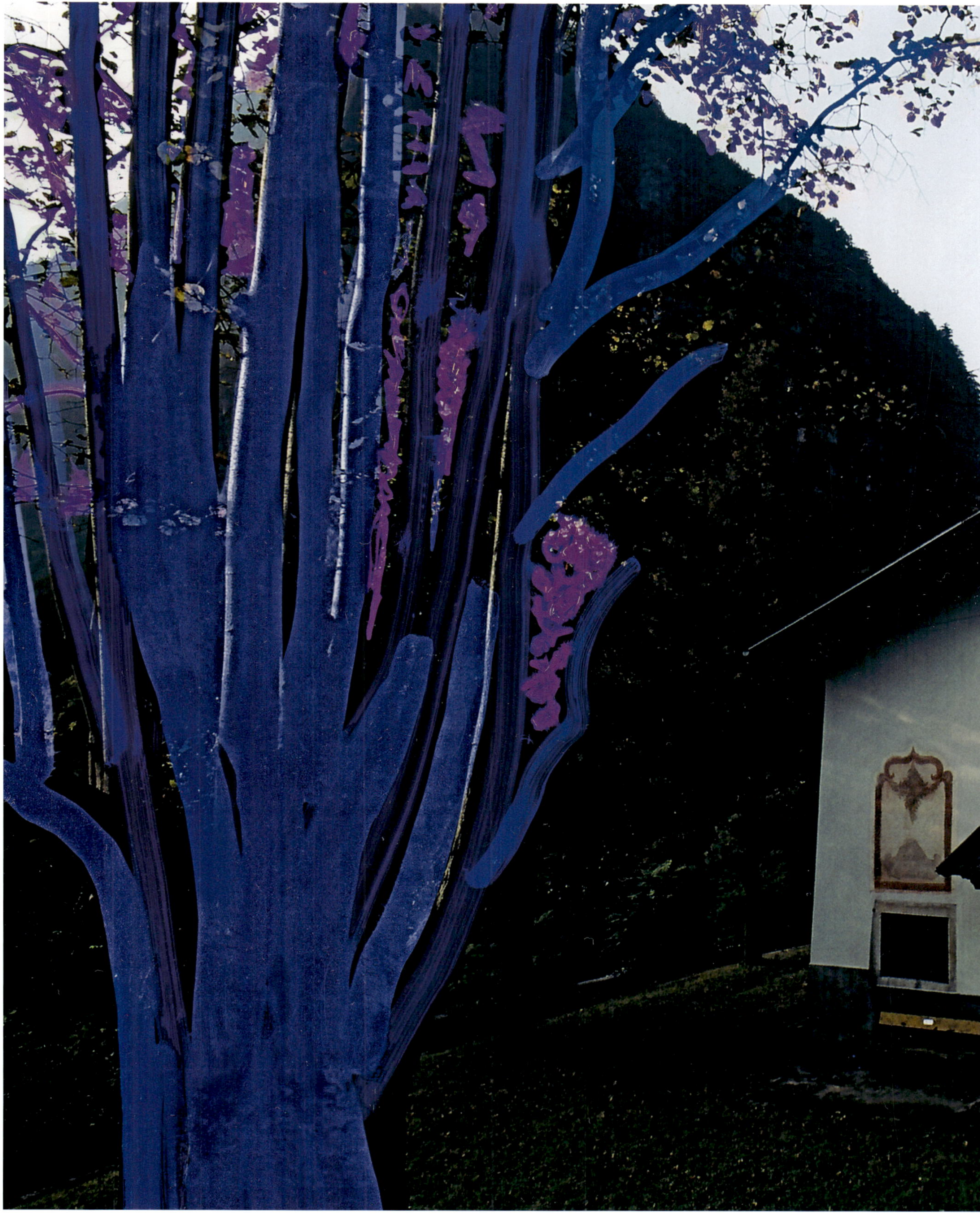

LAGORAI IMMAGINATO

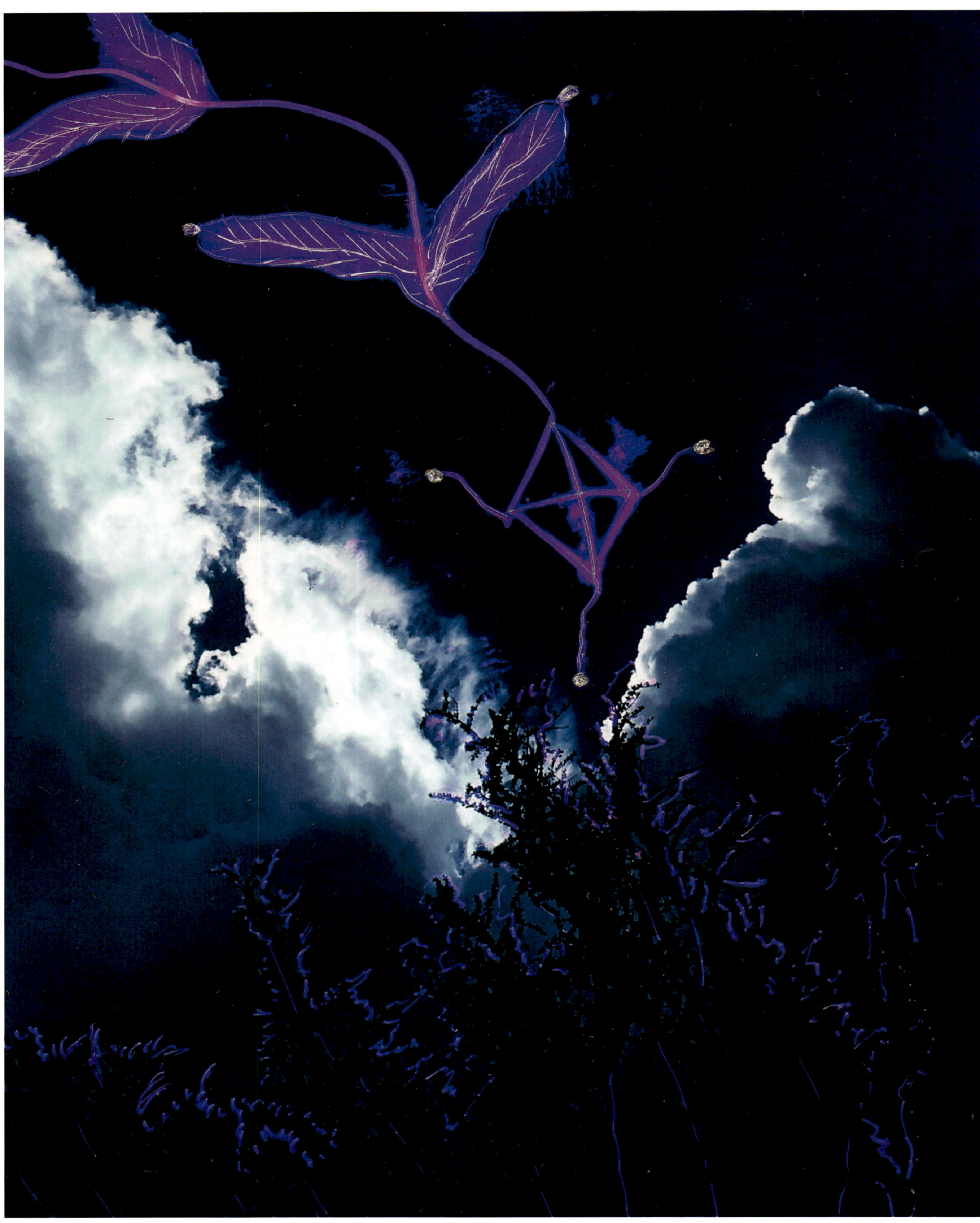

LAGORAI IMMAGINATO

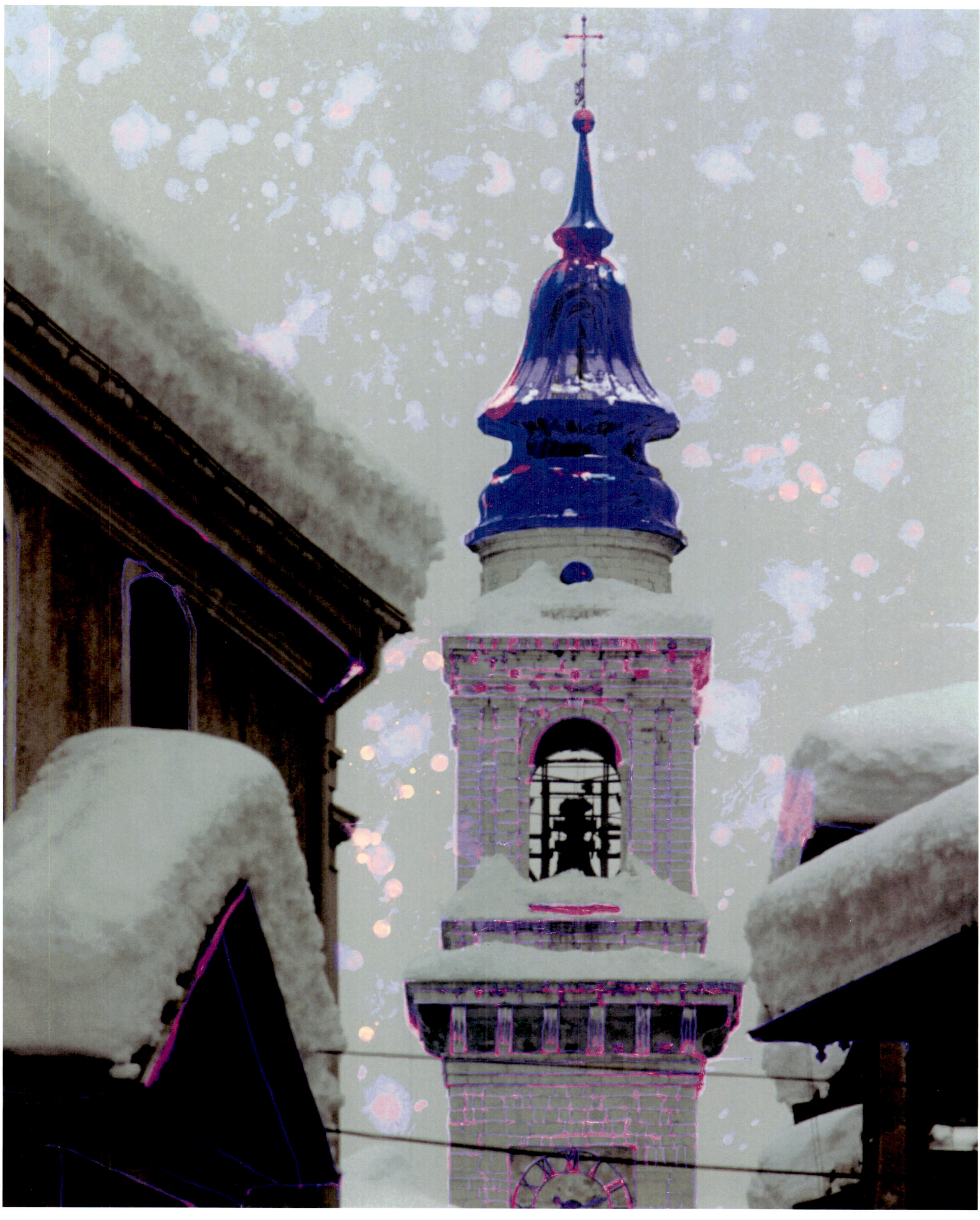

LAGORAI IMMAGINATO

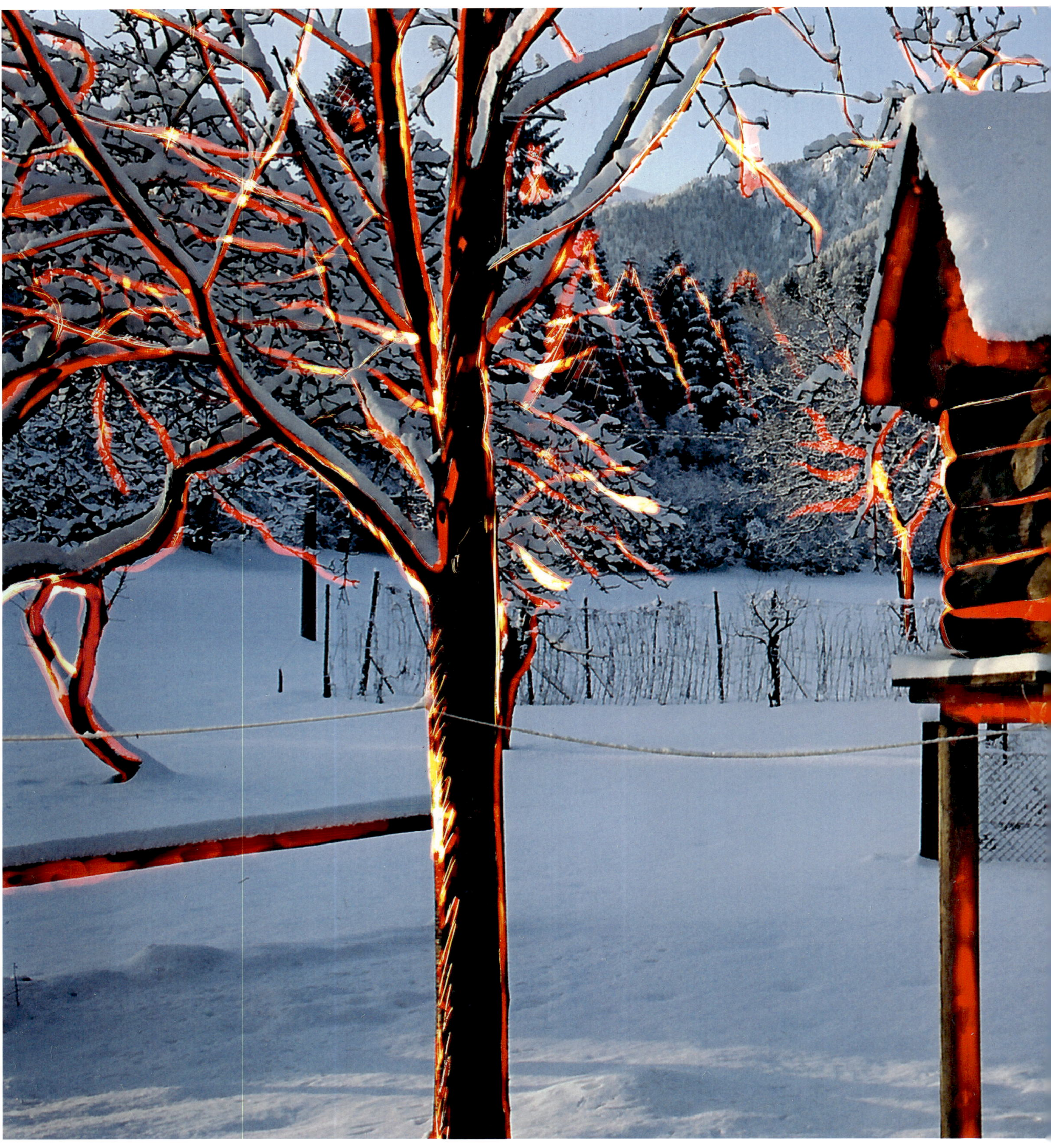

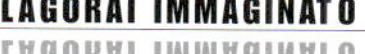

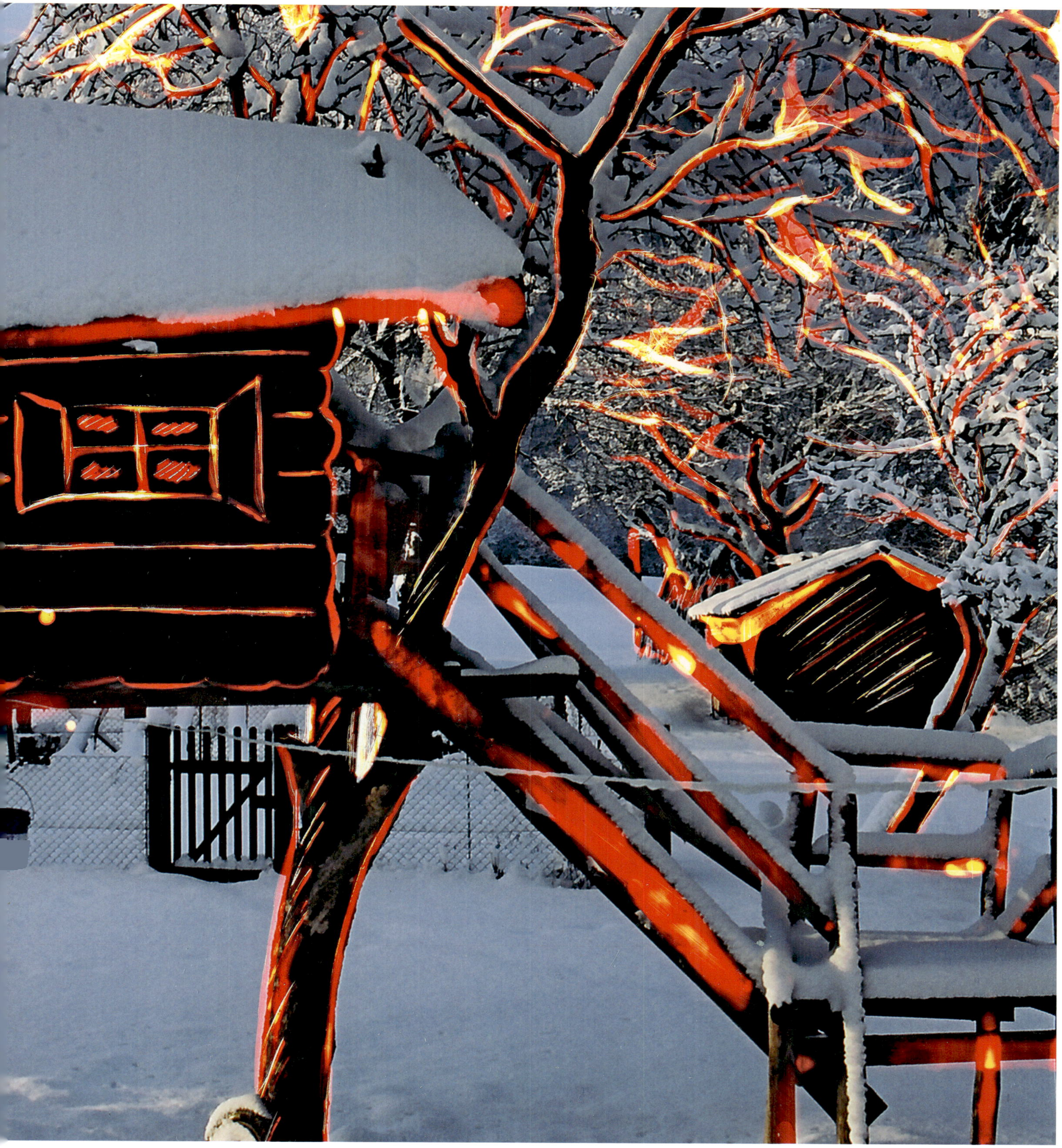

LAGORAI IMMAGINATO

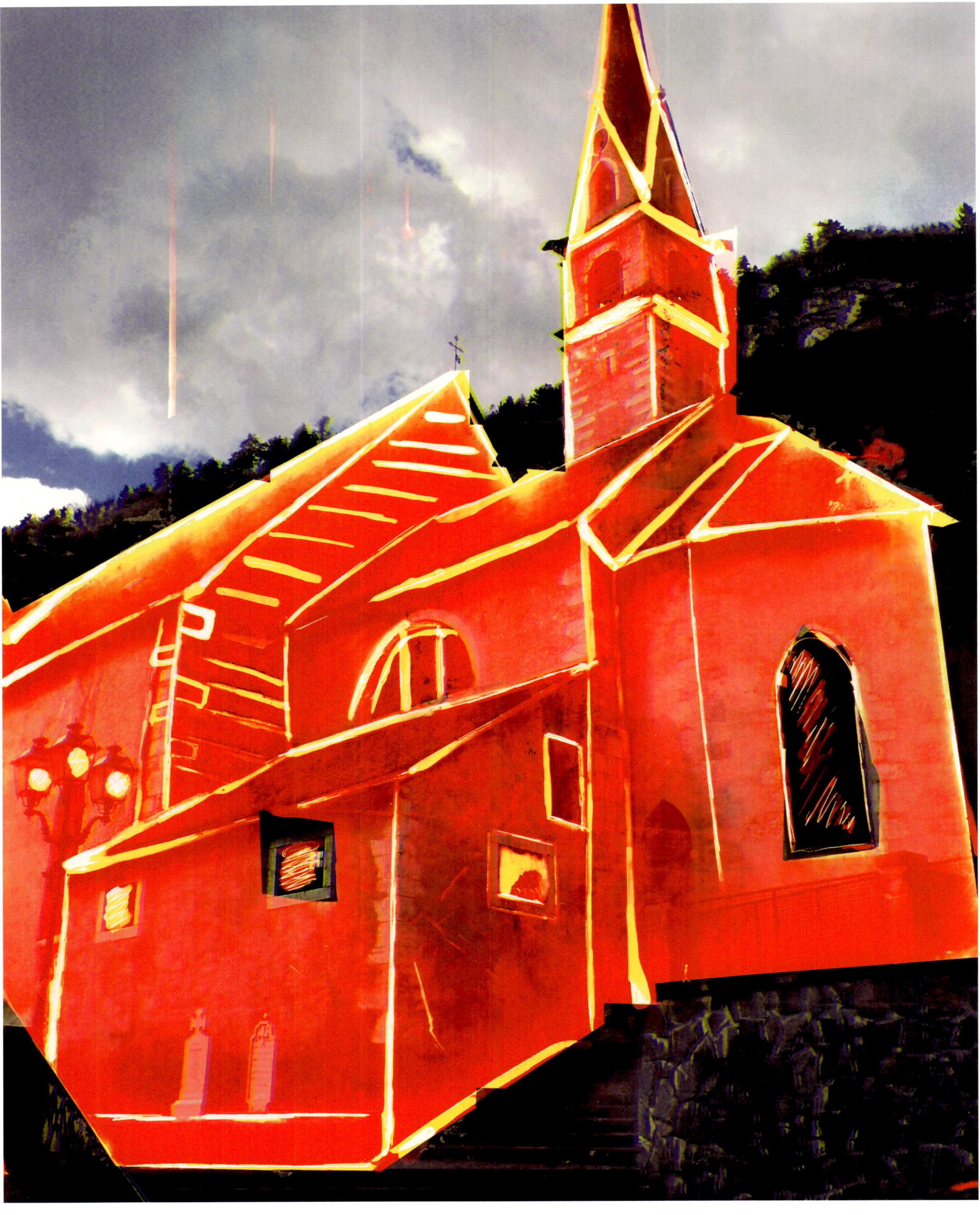

LAGORAI IMMAGINATO

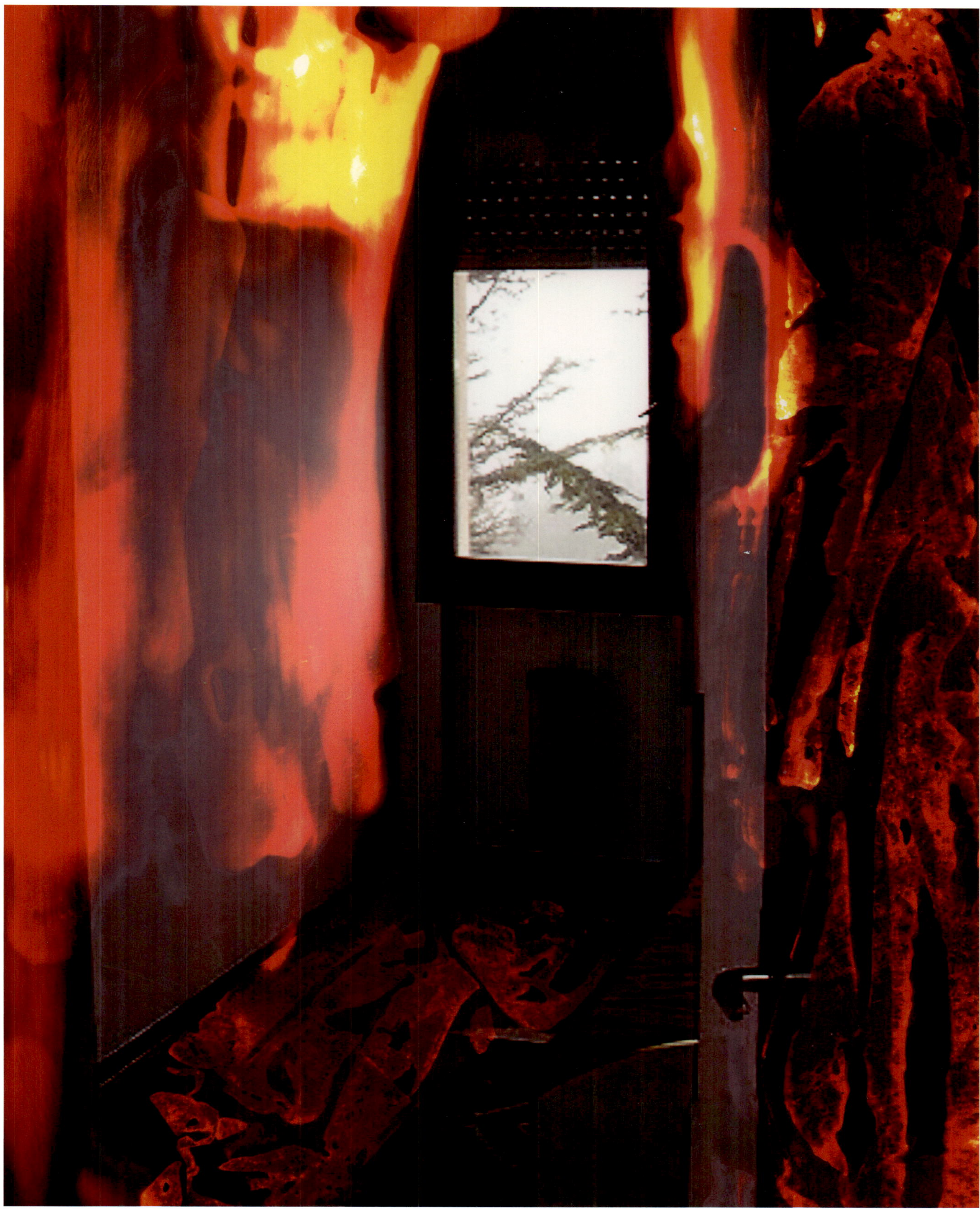

LAGORAI IMMAGINATO

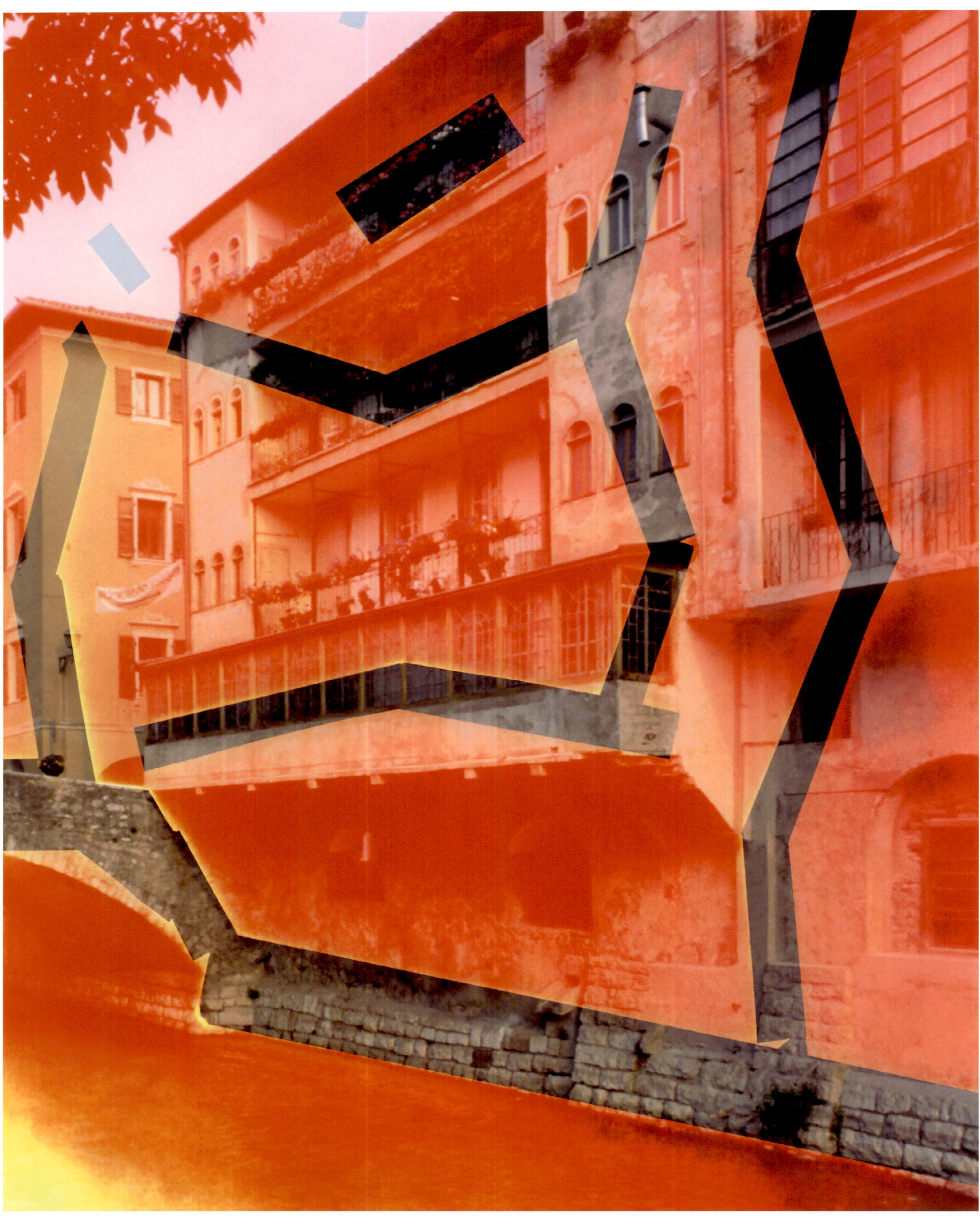

LAGORAI IMMAGINATO

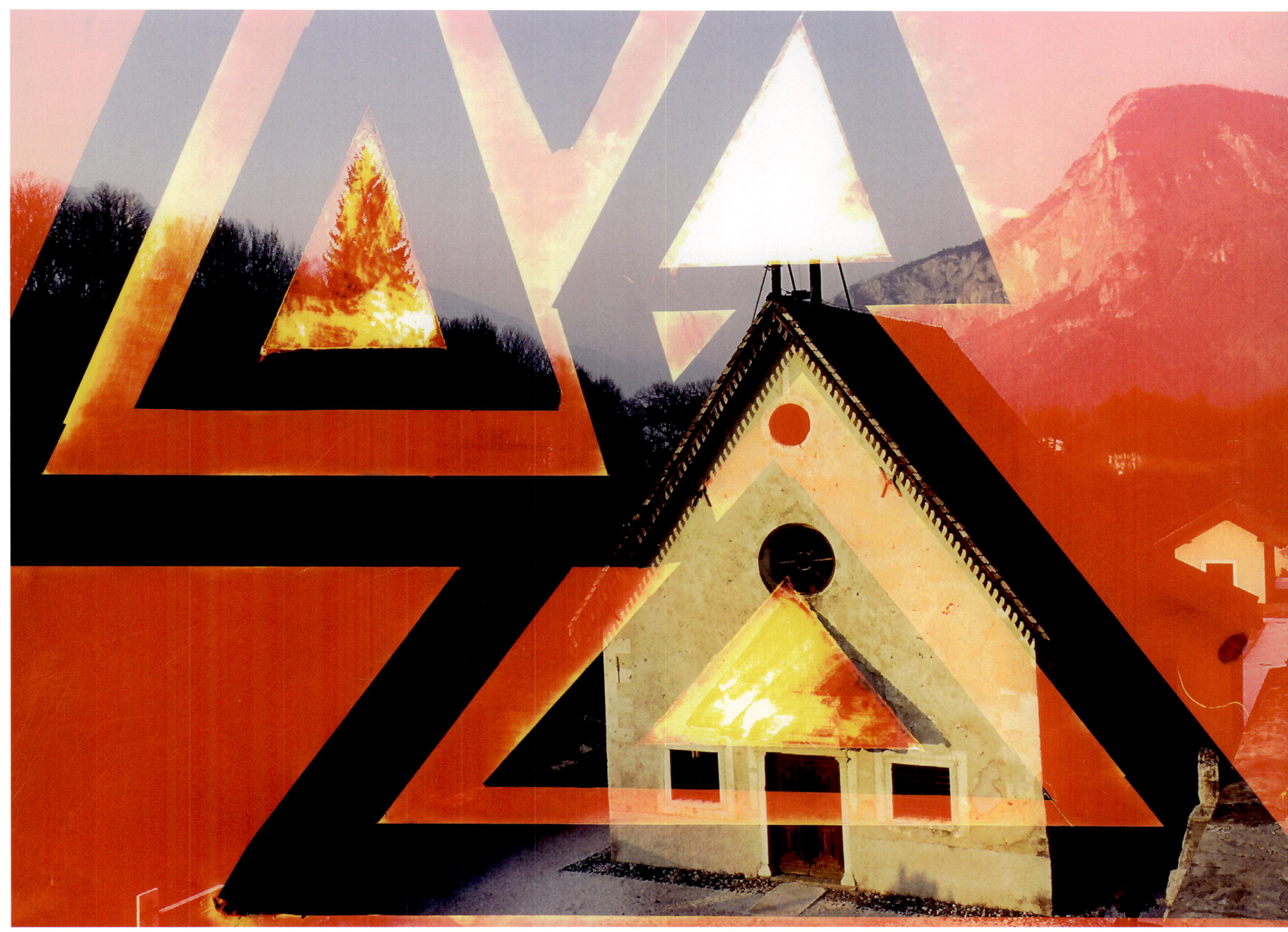

LAGORAI IMMAGINATO

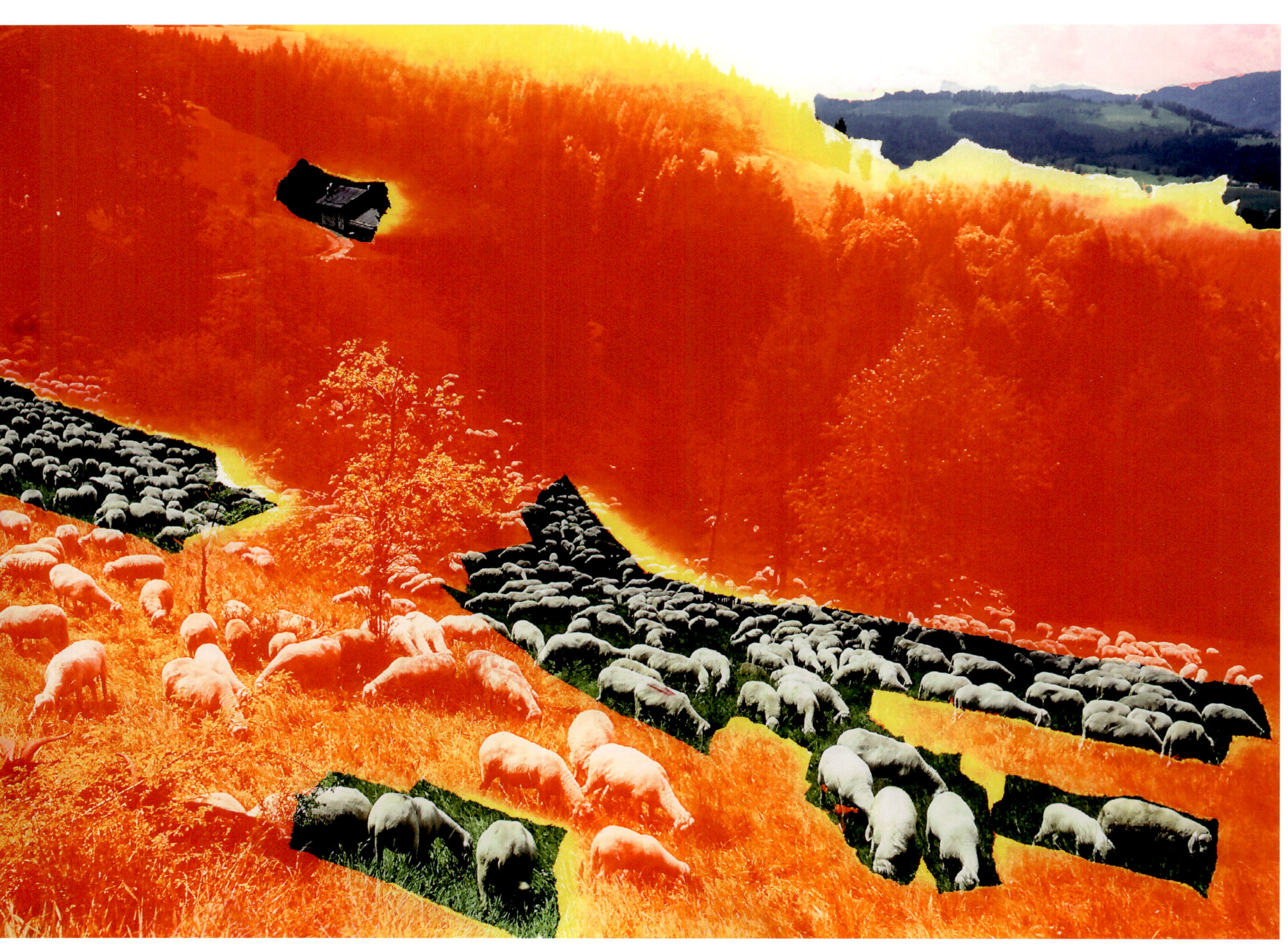

LAGORAI IMMAGINATO

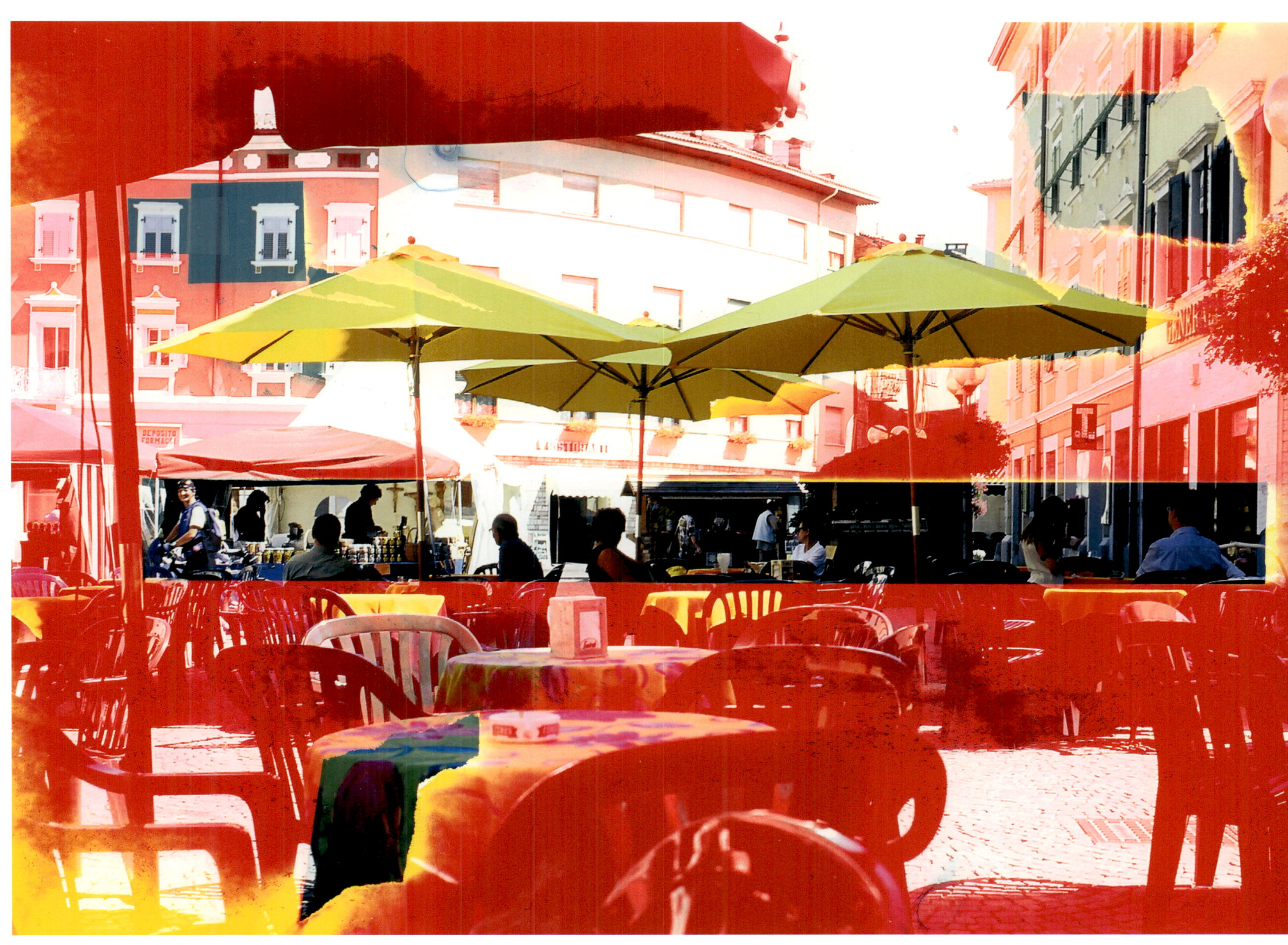

LAGORAI IMMAGINATO

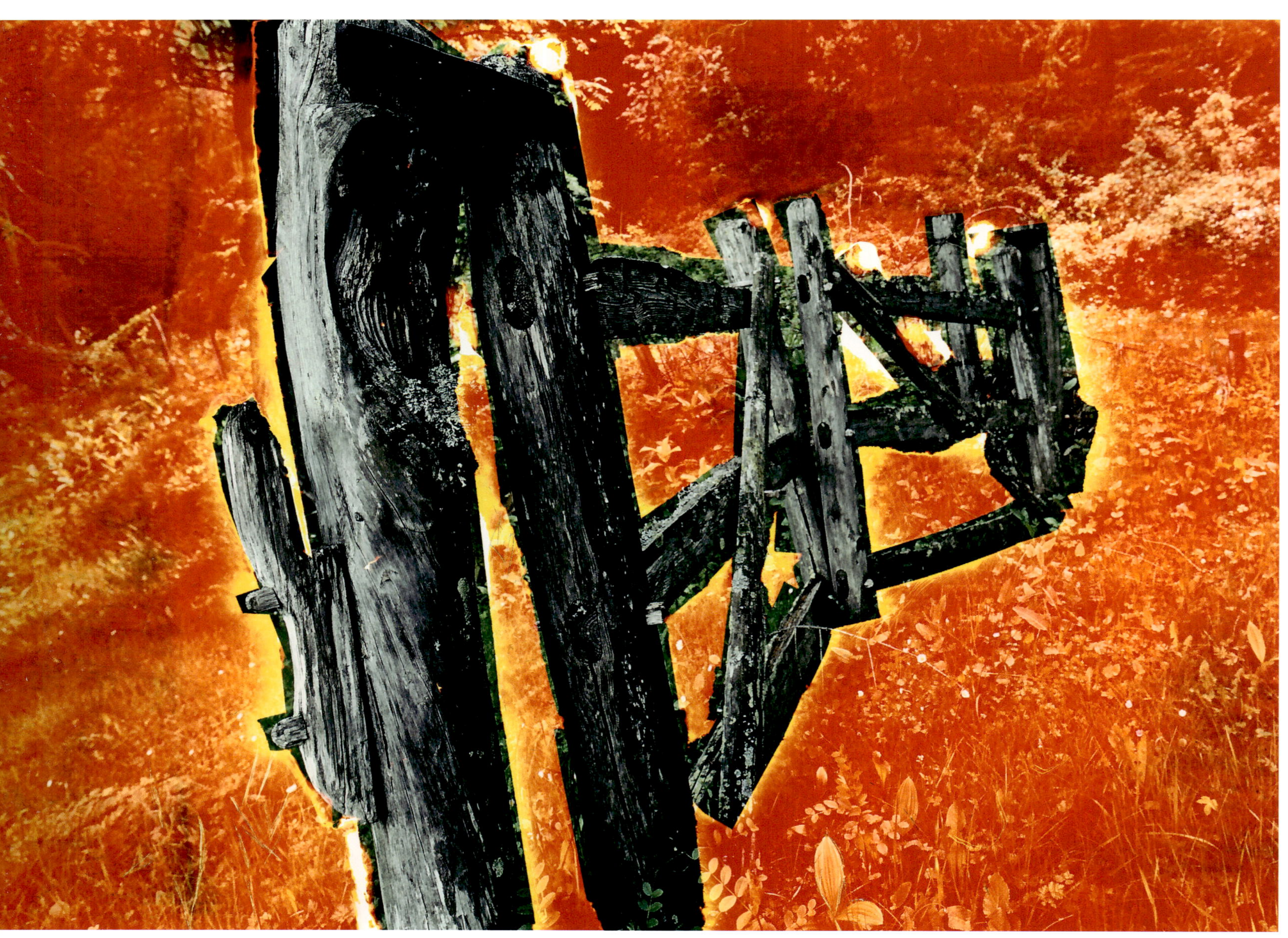

LAGORAI IMMAGINATO

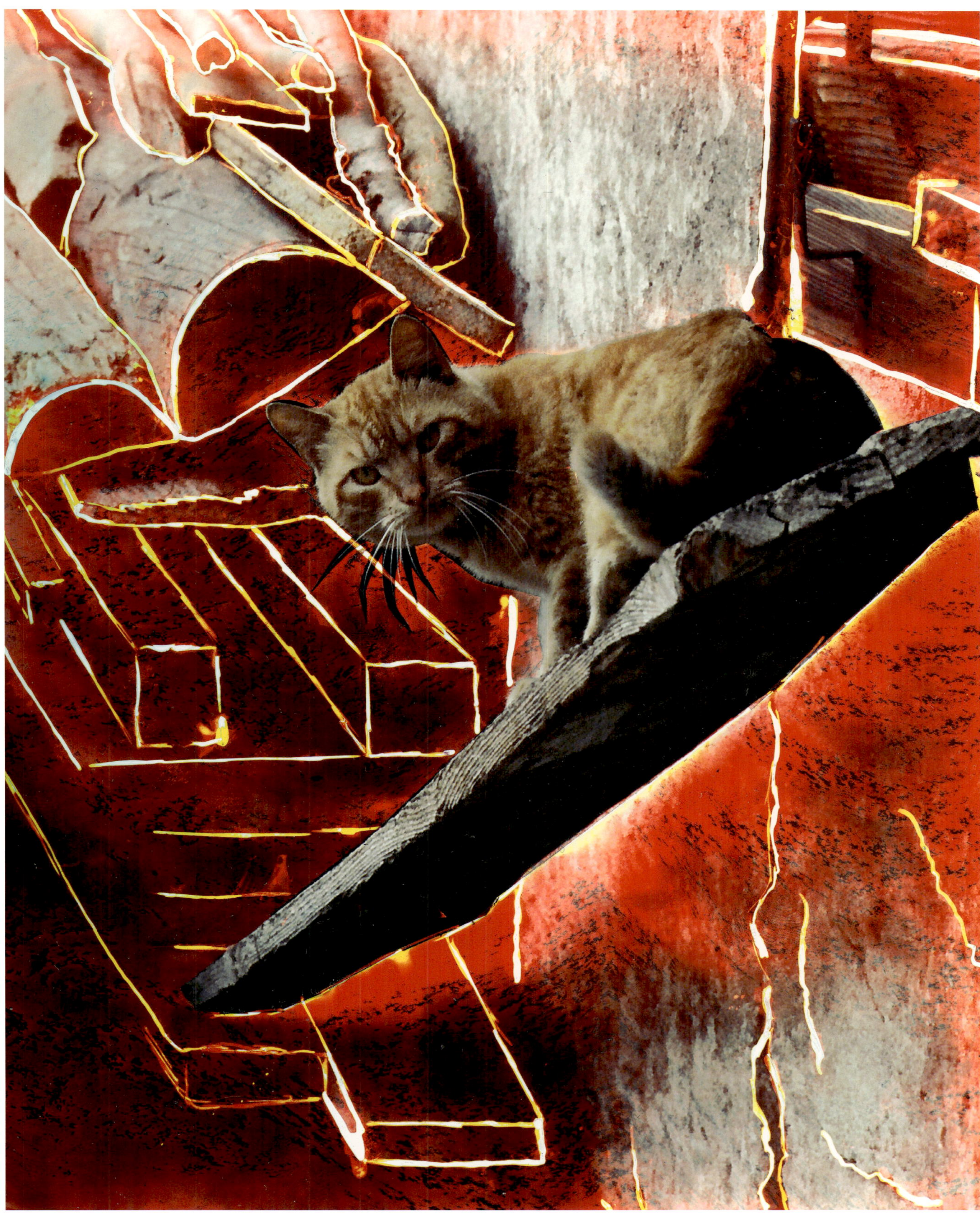

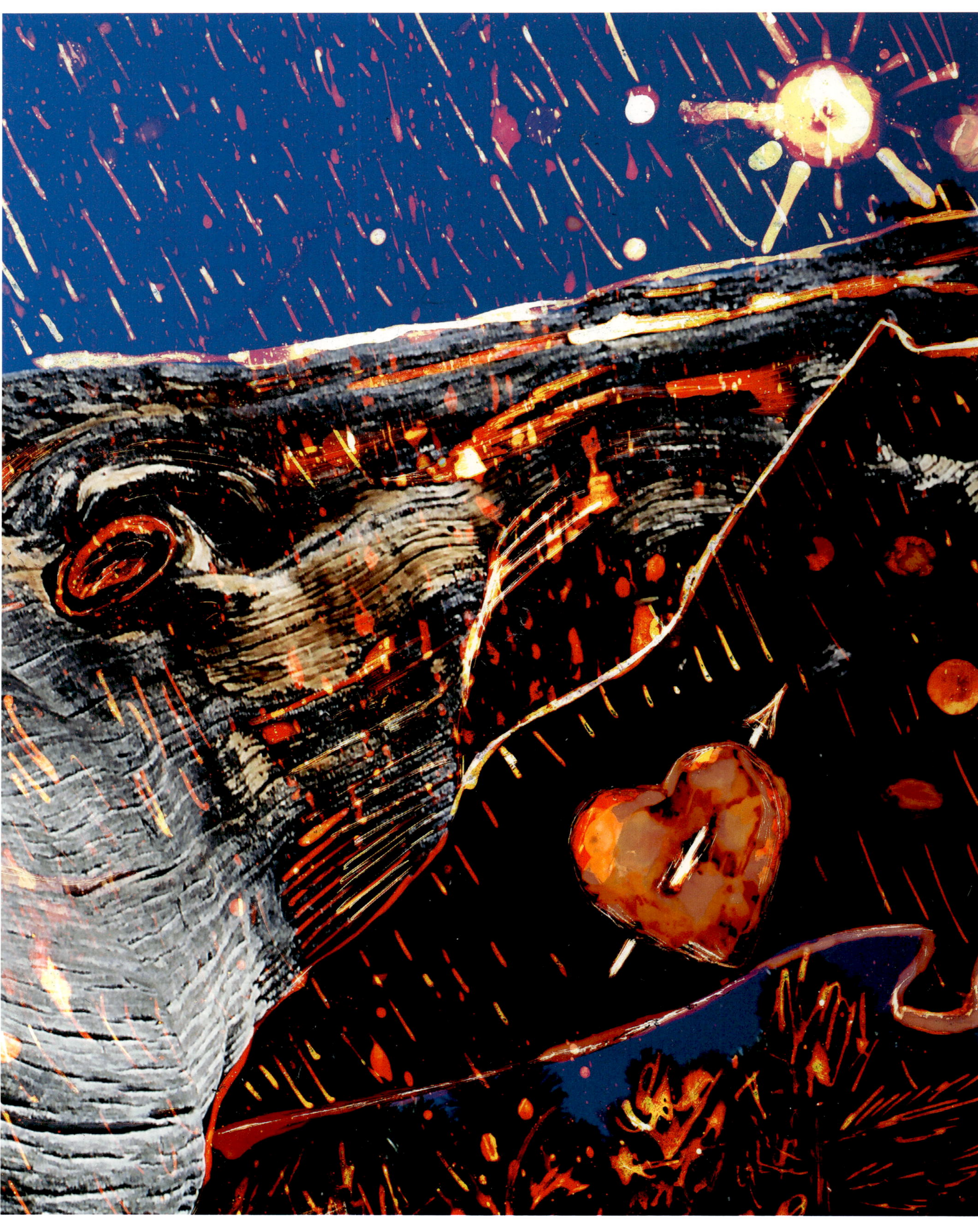

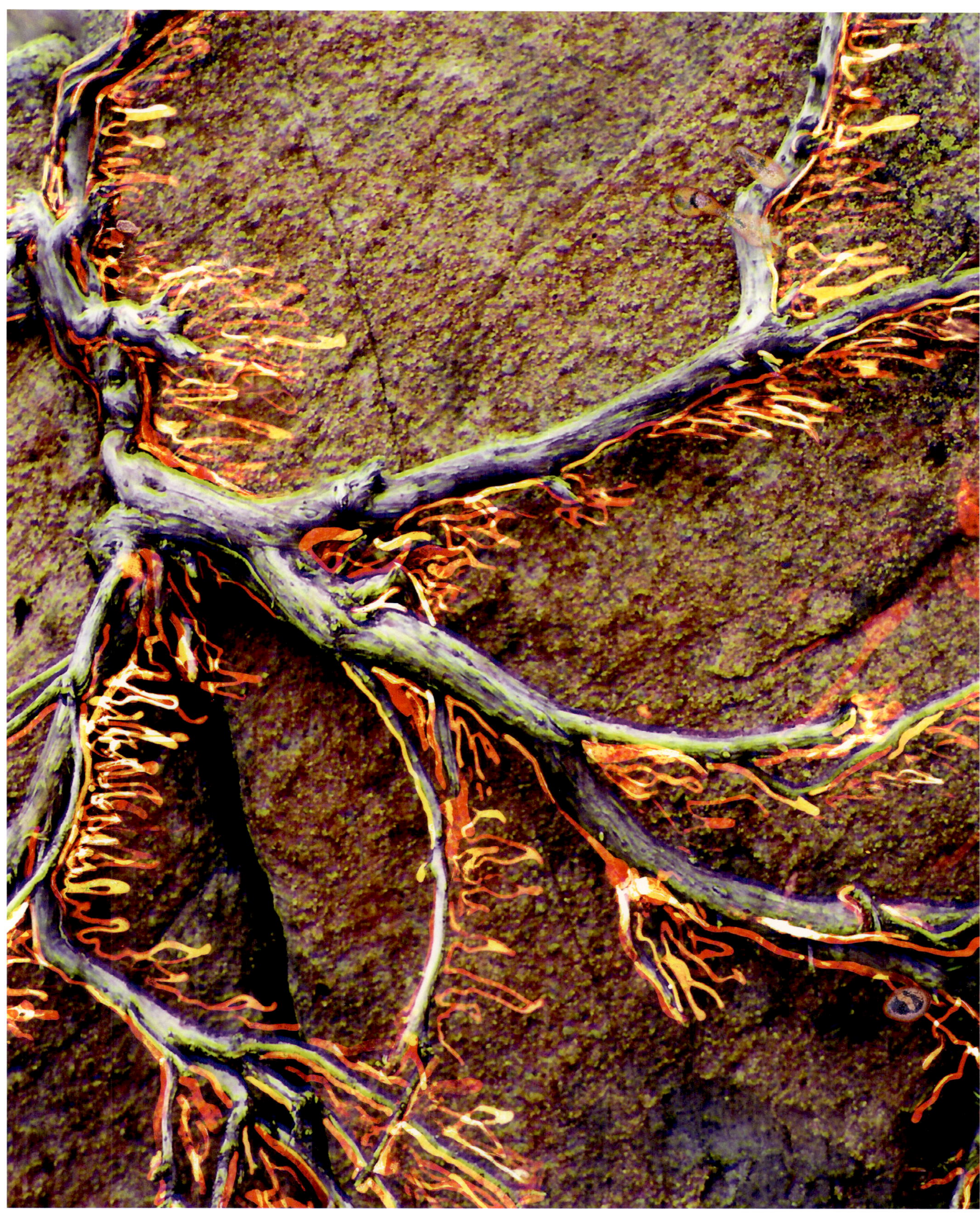

LAGORAI IMMAGINATO

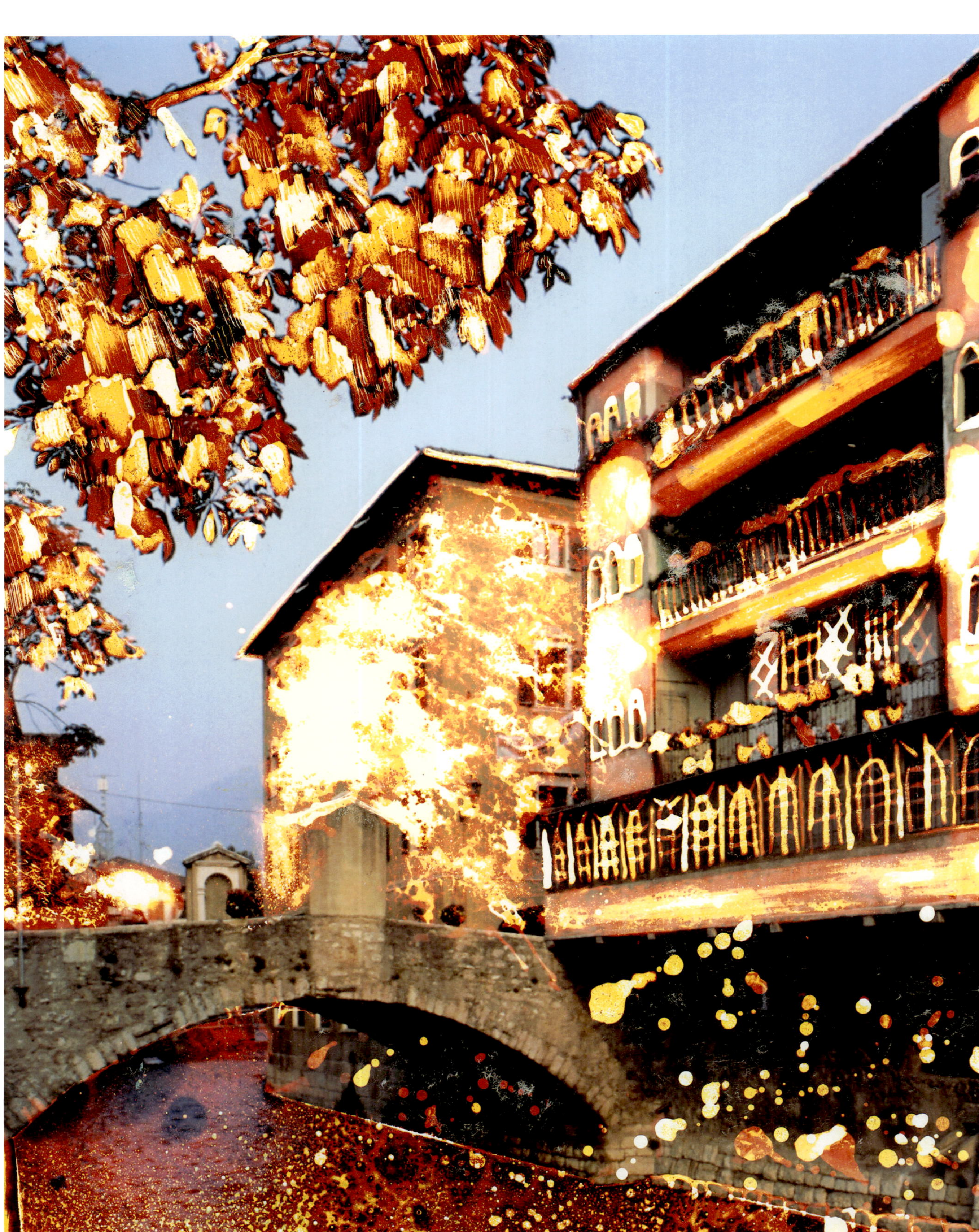

LAGORAI IMMAGINATO

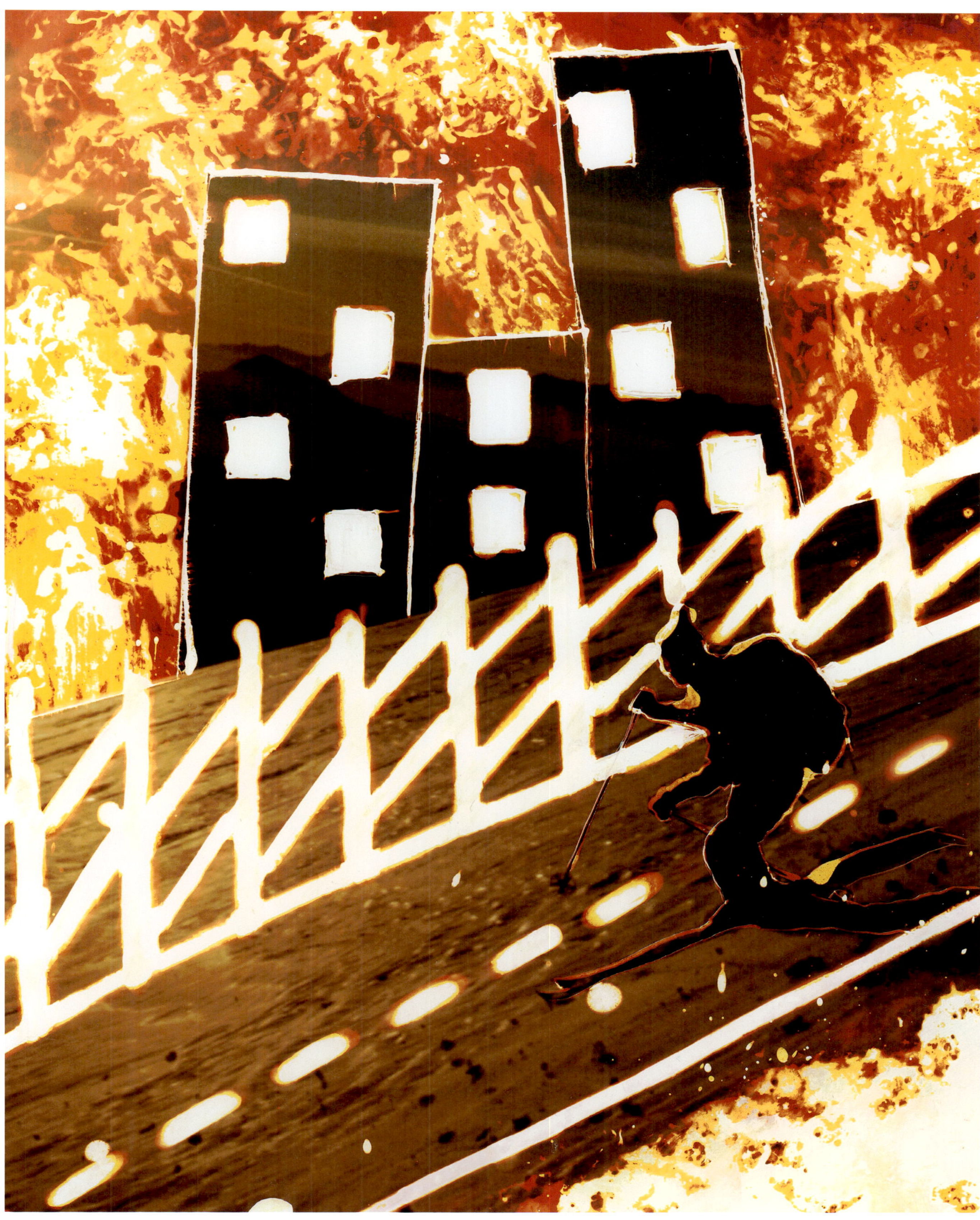

LAGORAI IMMAGINATO

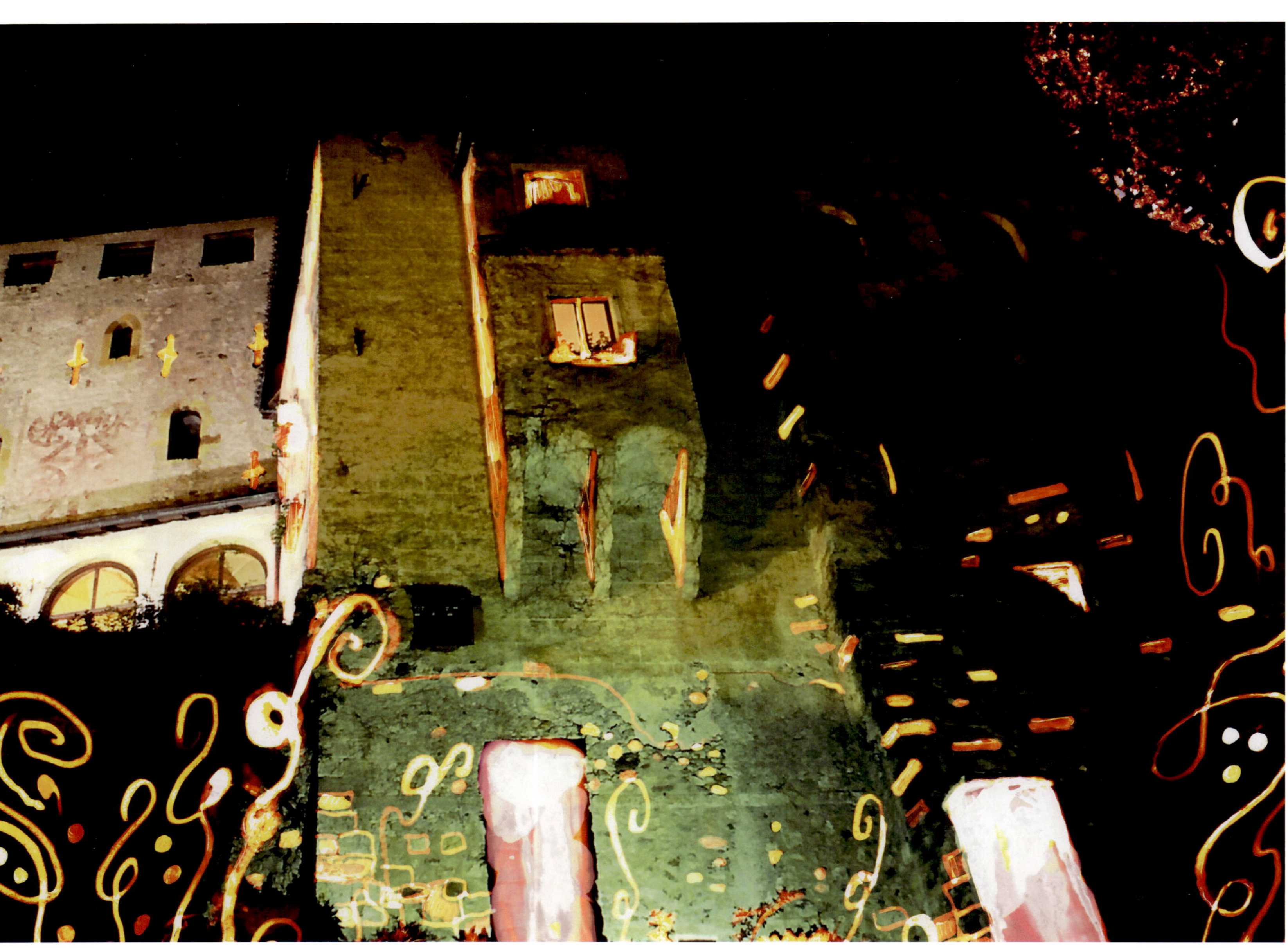

LAGORAI IMMAGINATO

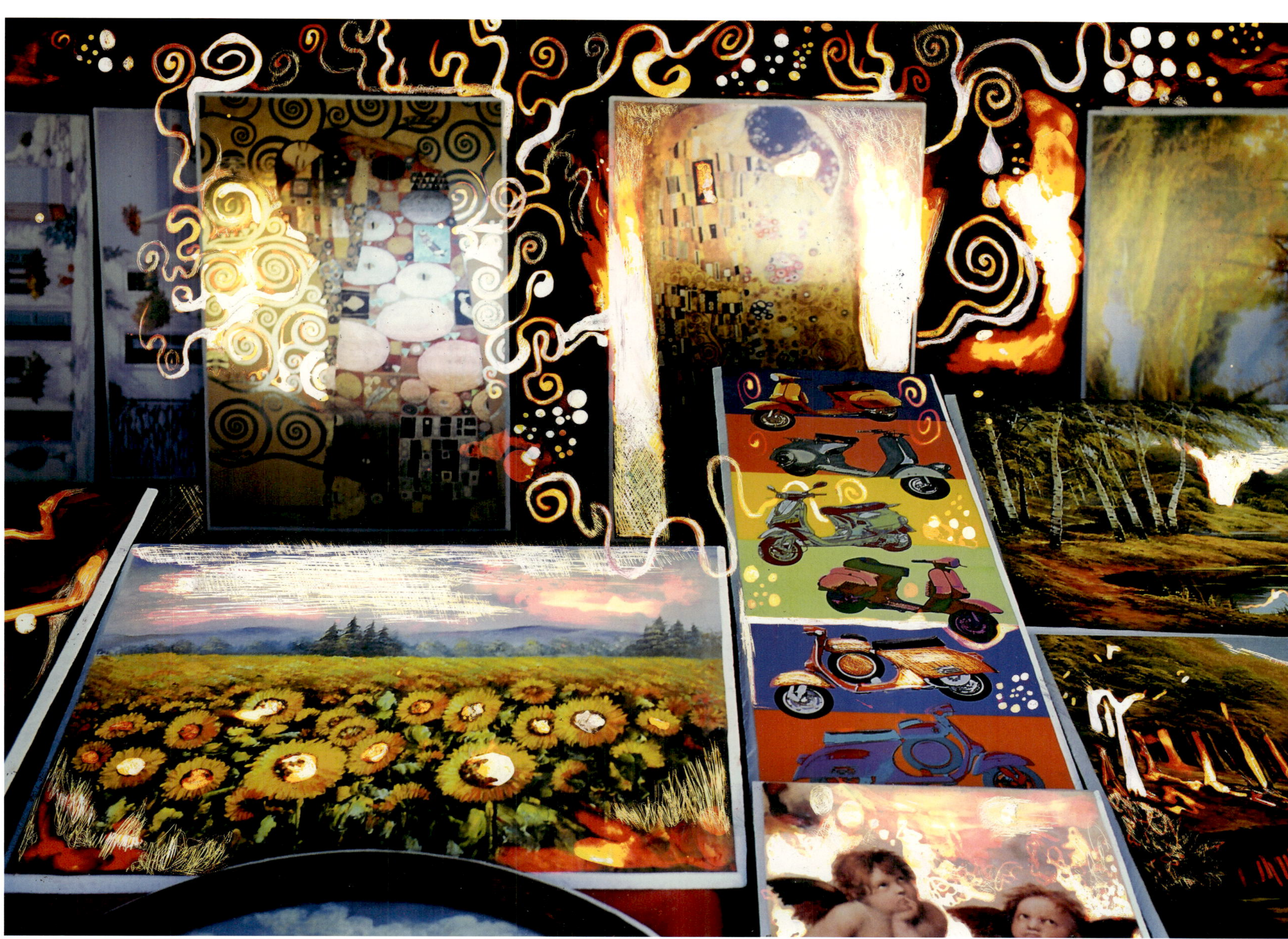

LAGORAI IMMAGINATO

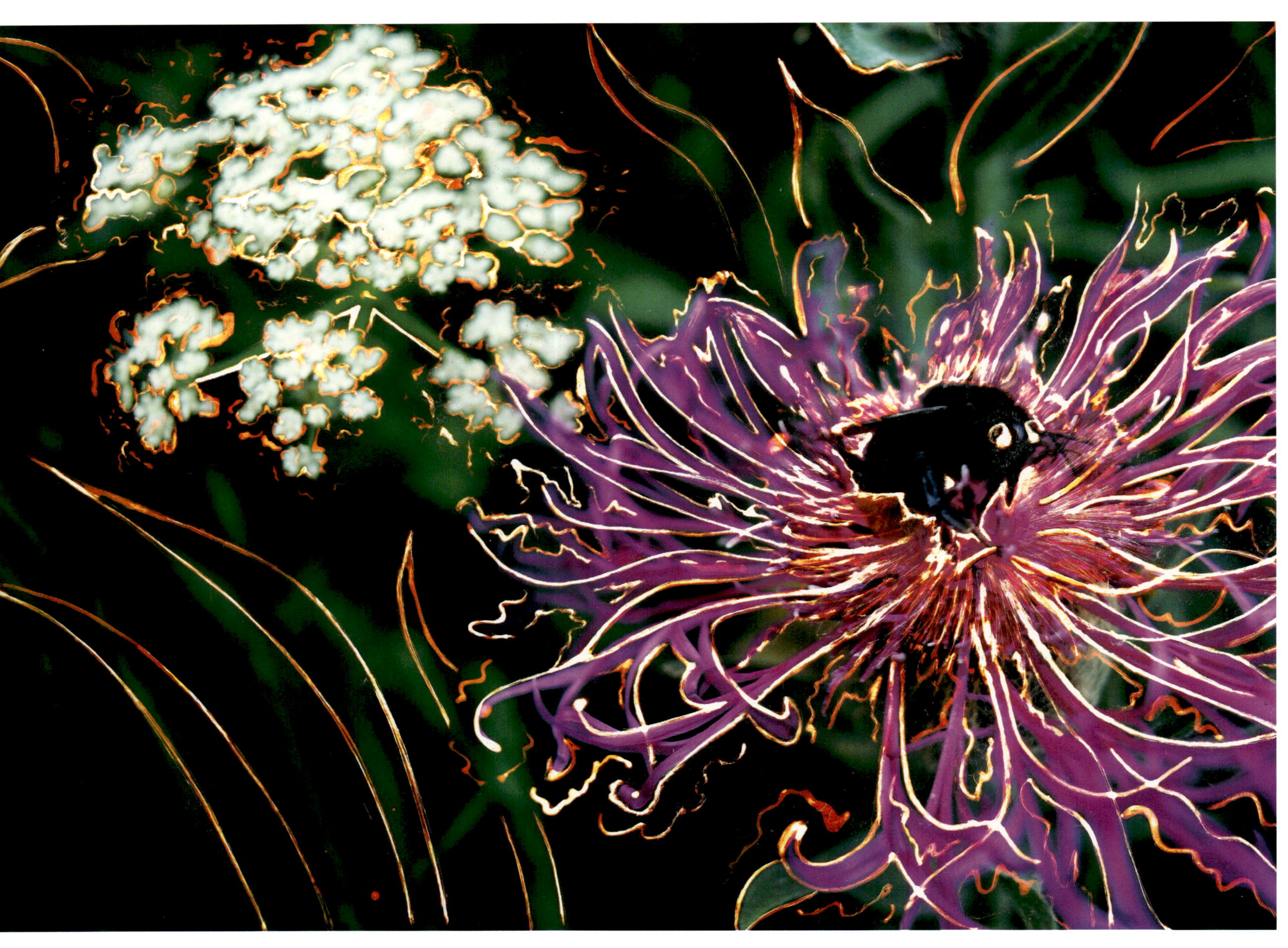

LAGORAI IMMAGINATO

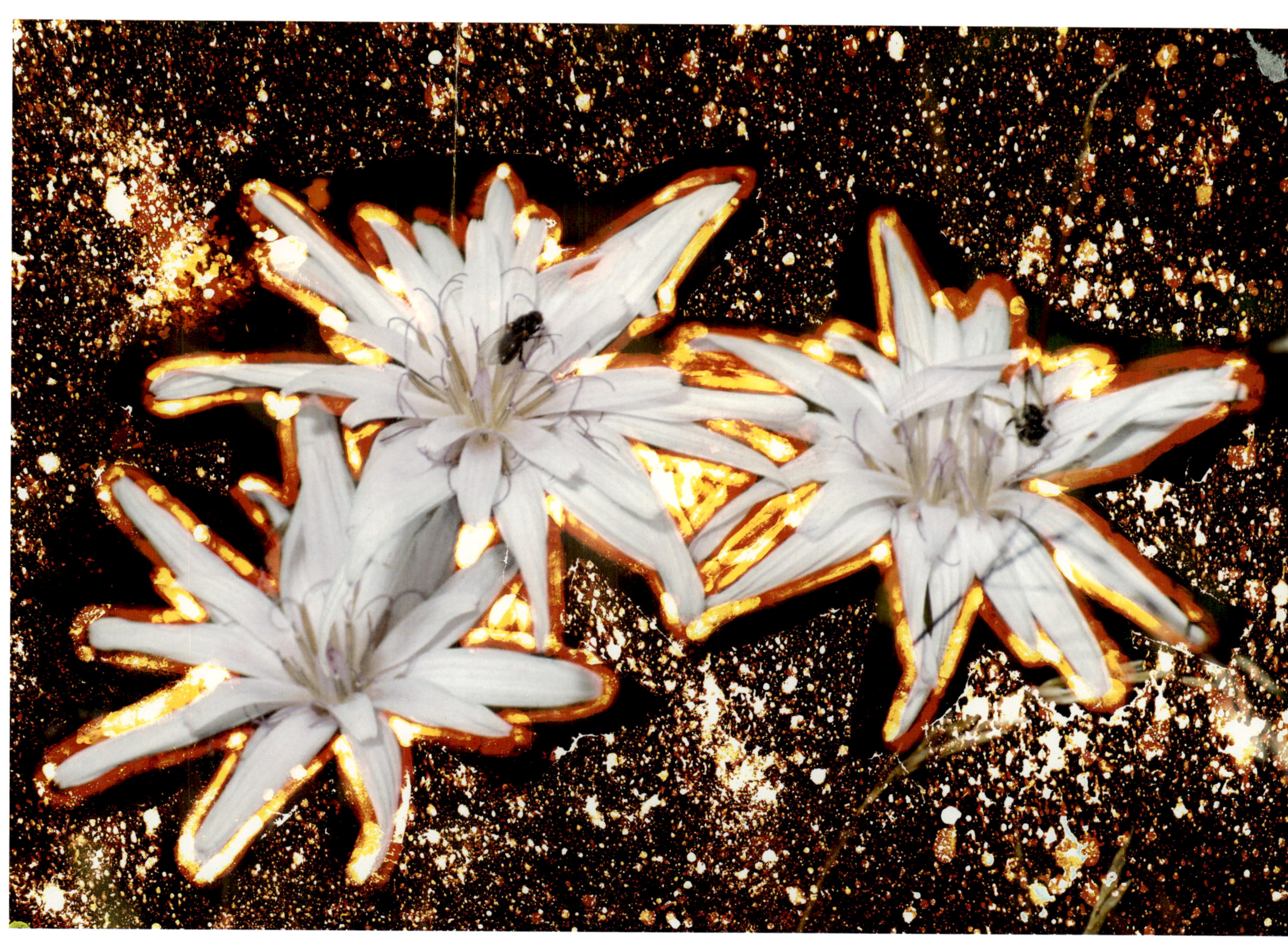

LAGORAI IMMAGINATO

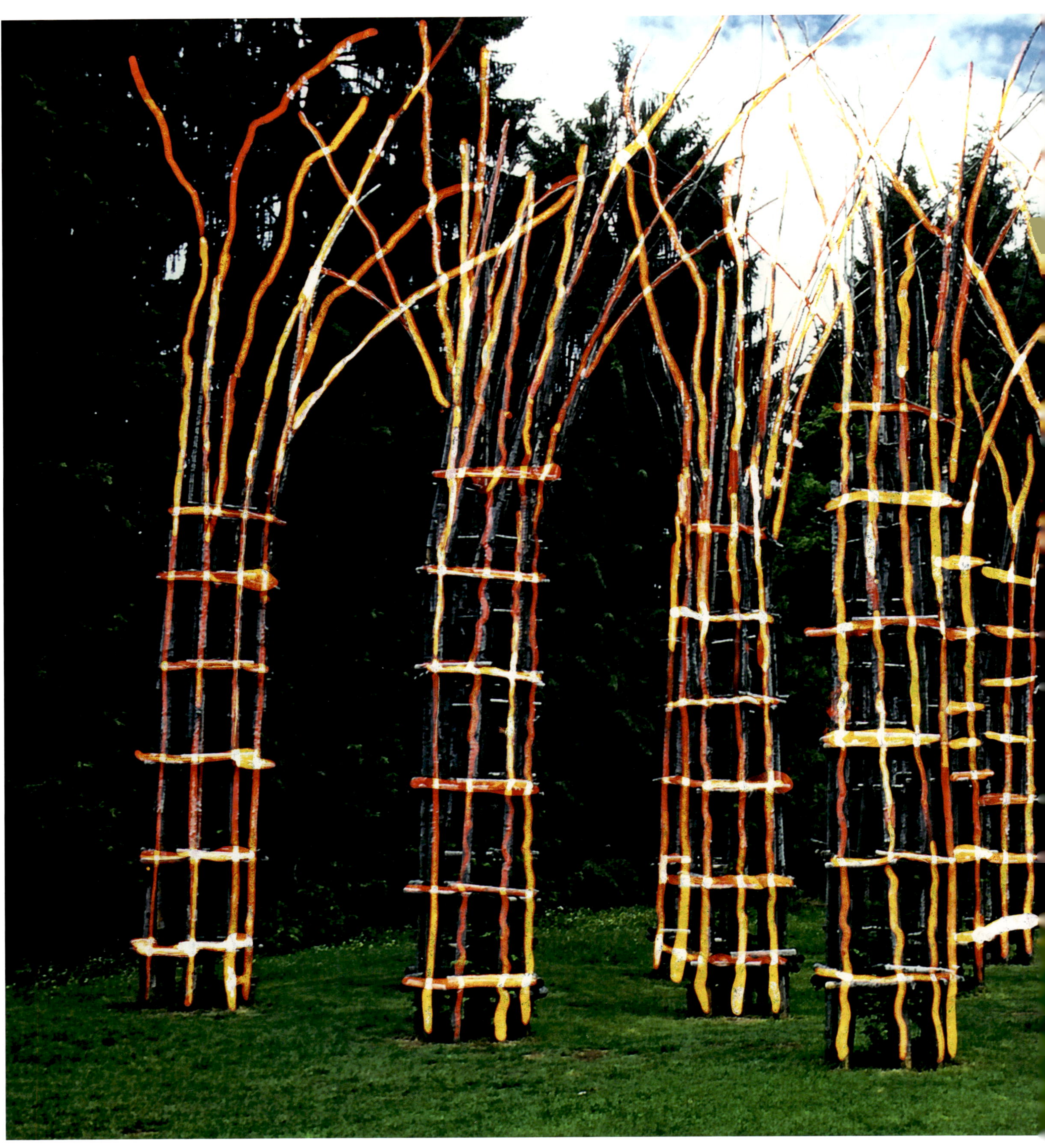

LAGORAI IMMAGINATO

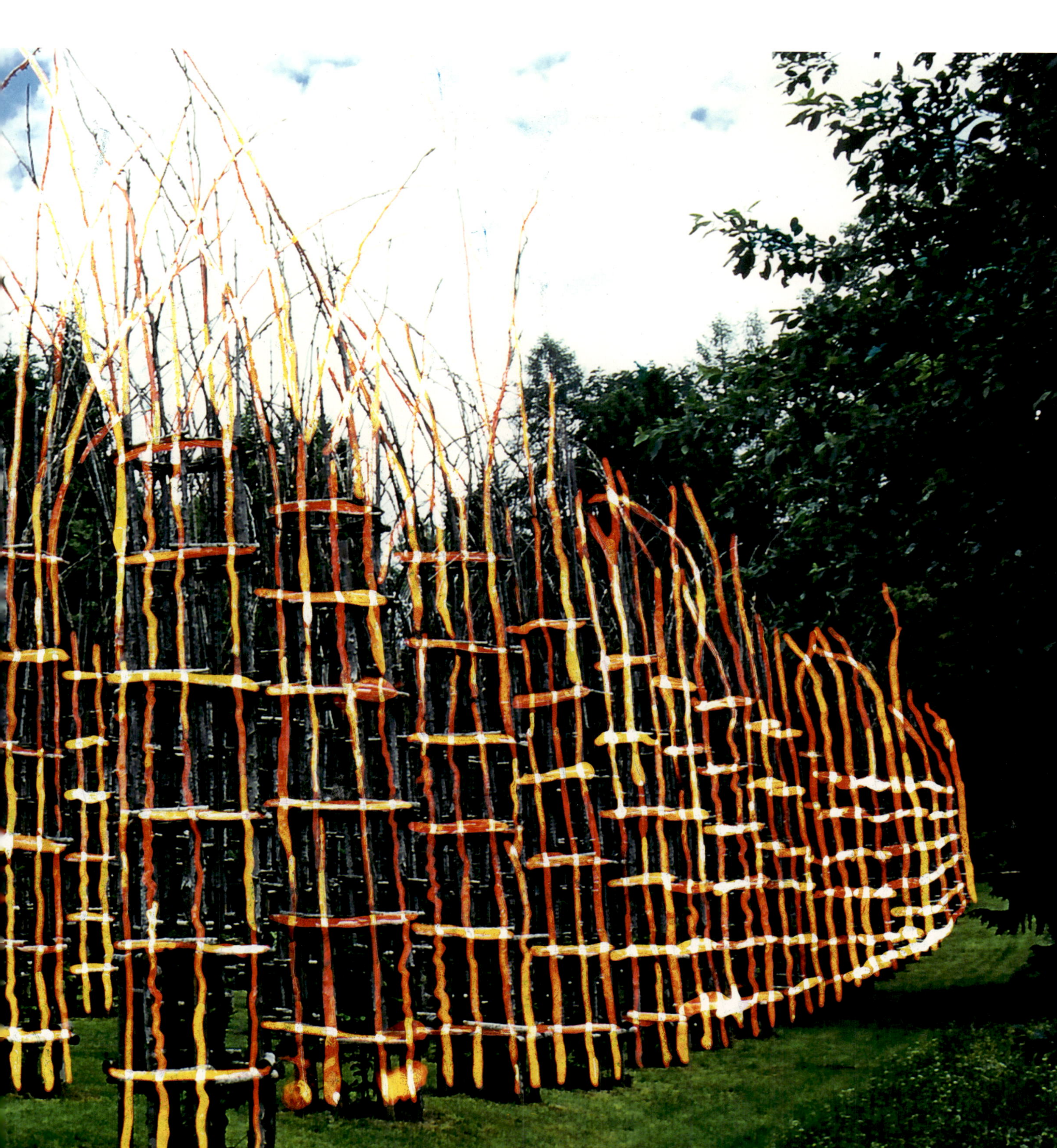

LAGORAI IMMAGINATO

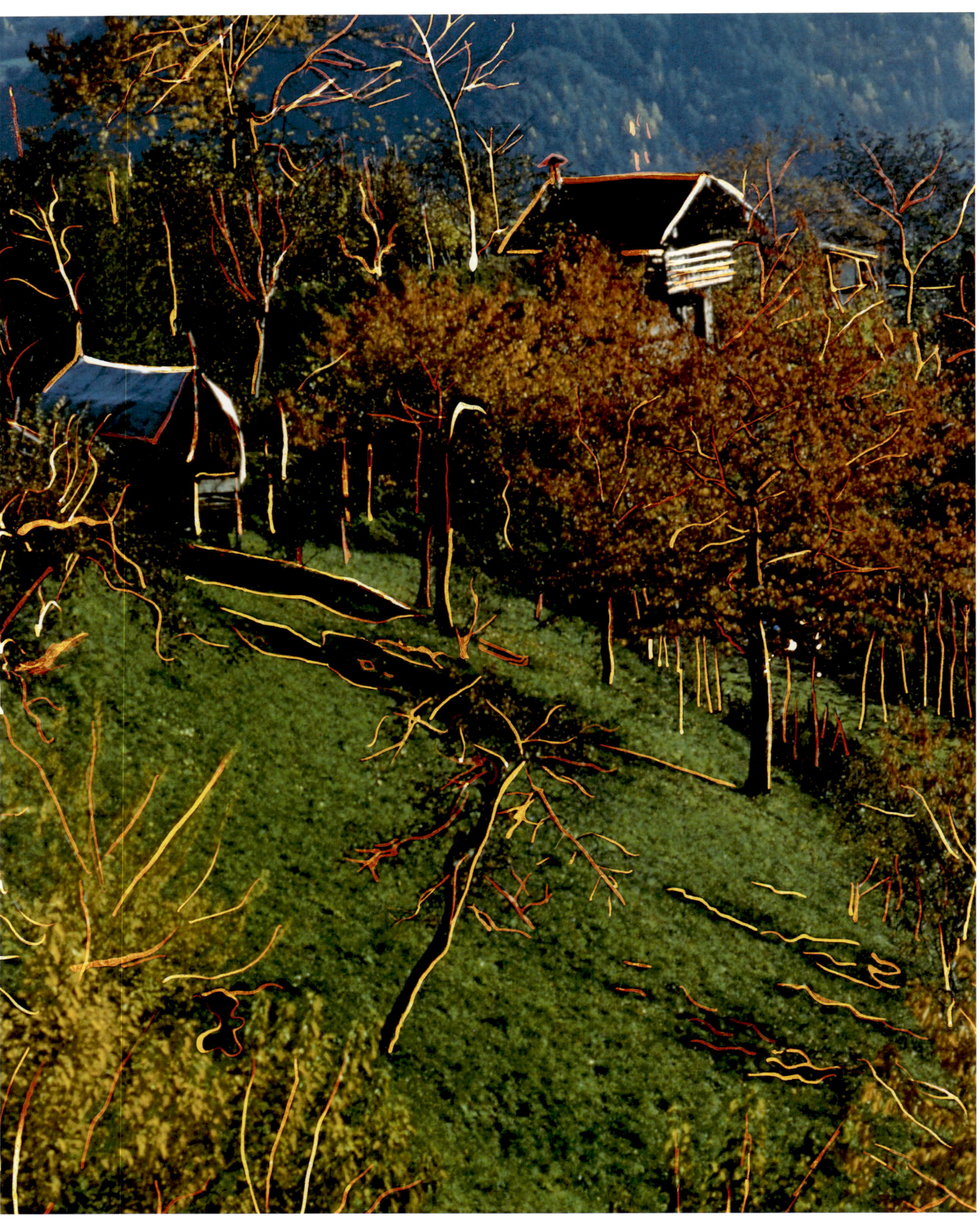

LAGORAI IMMAGINATO

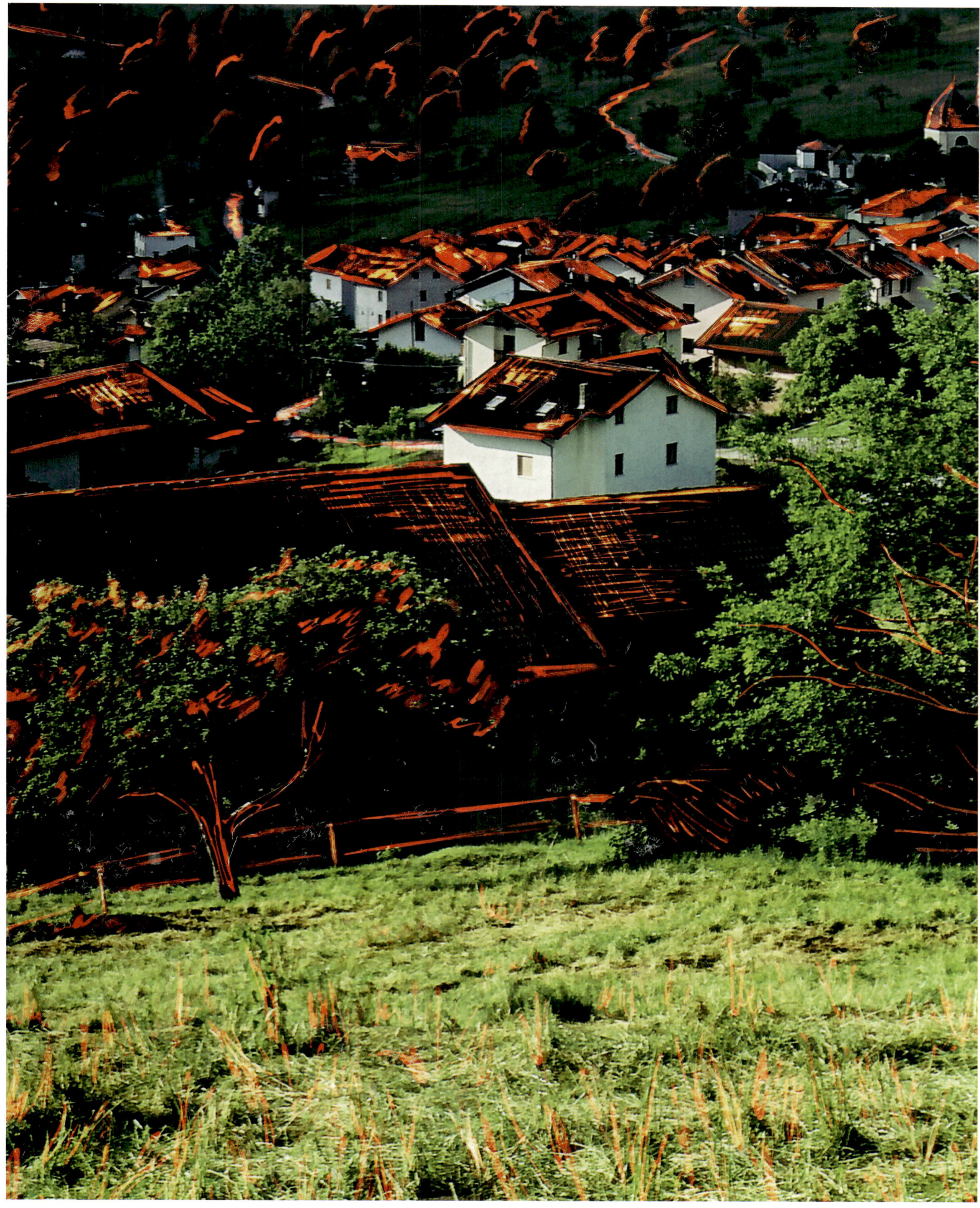

LAGORAI IMMAGINATO

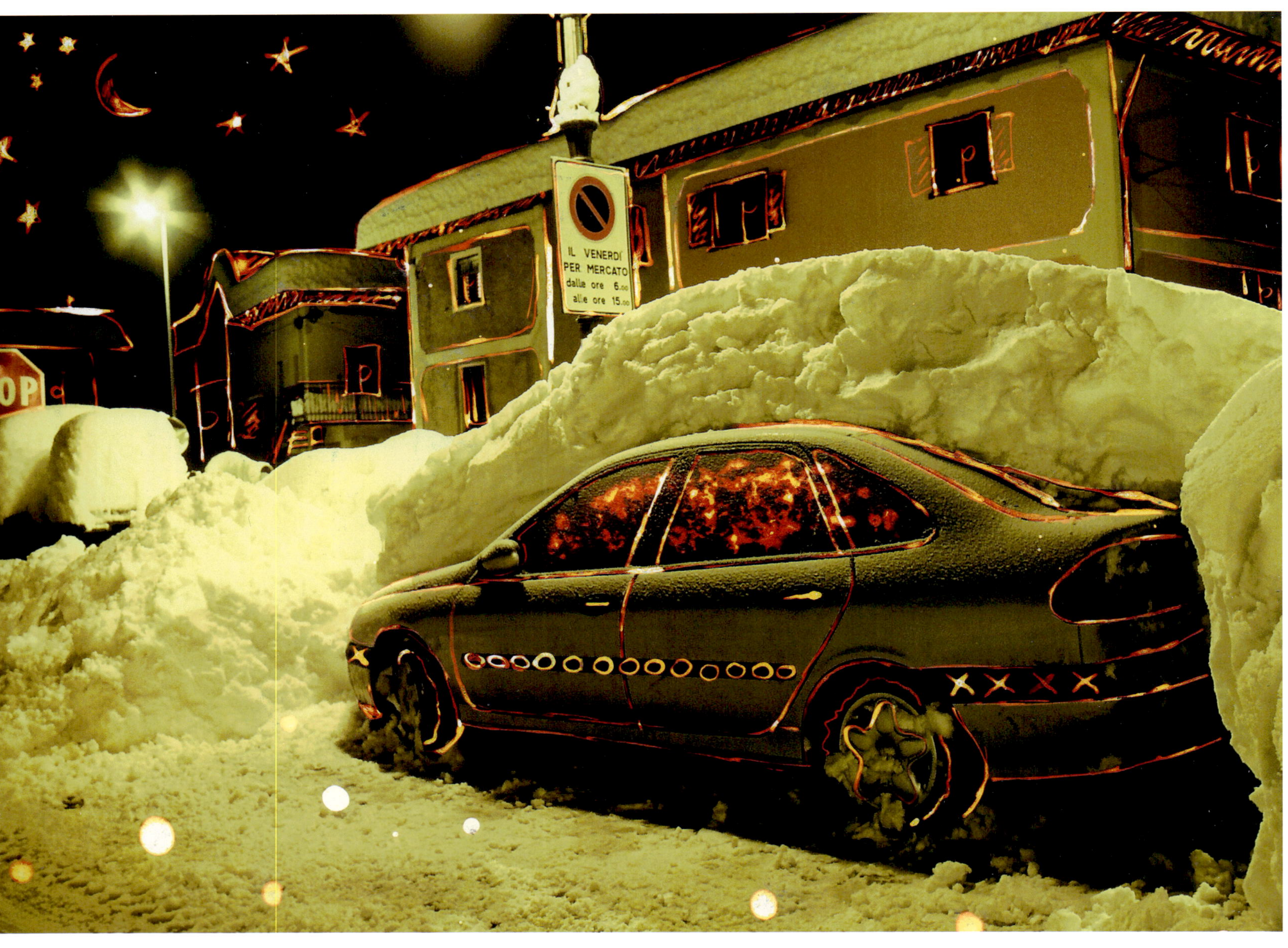

LAGORAI IMMAGINATO

bleaching

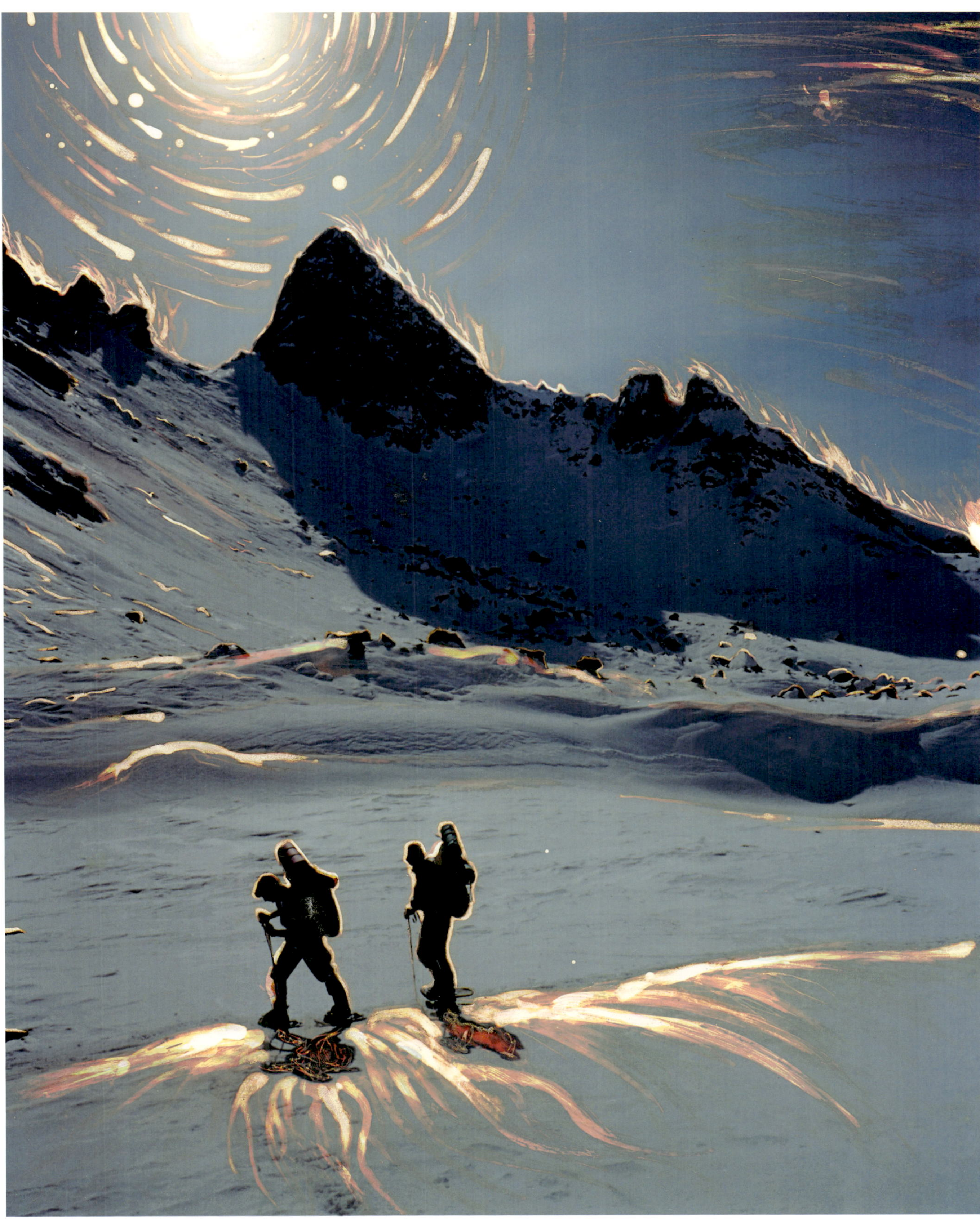

LAGORAI IMMAGINATO

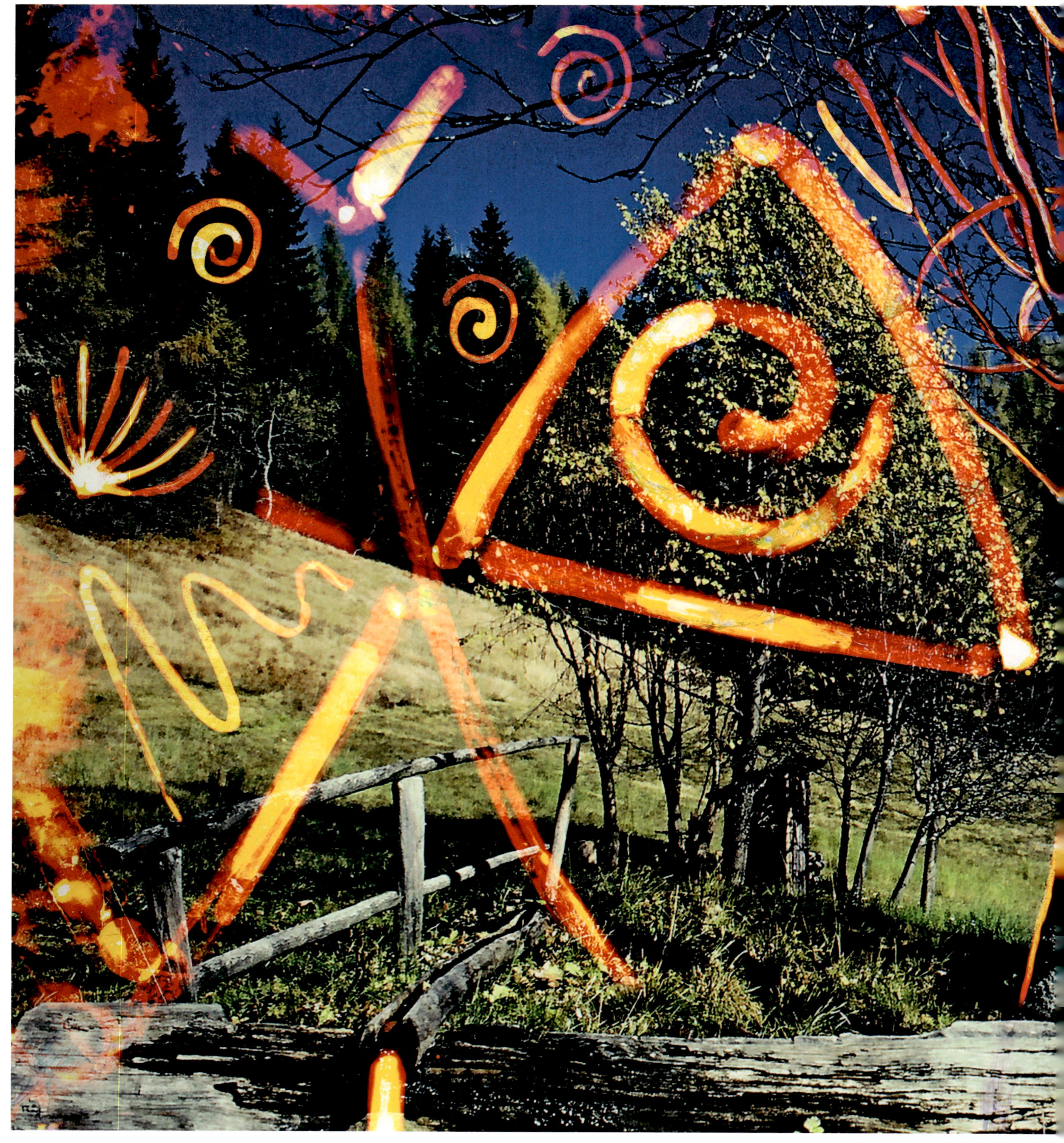

LAGORAI IMMAGINATO

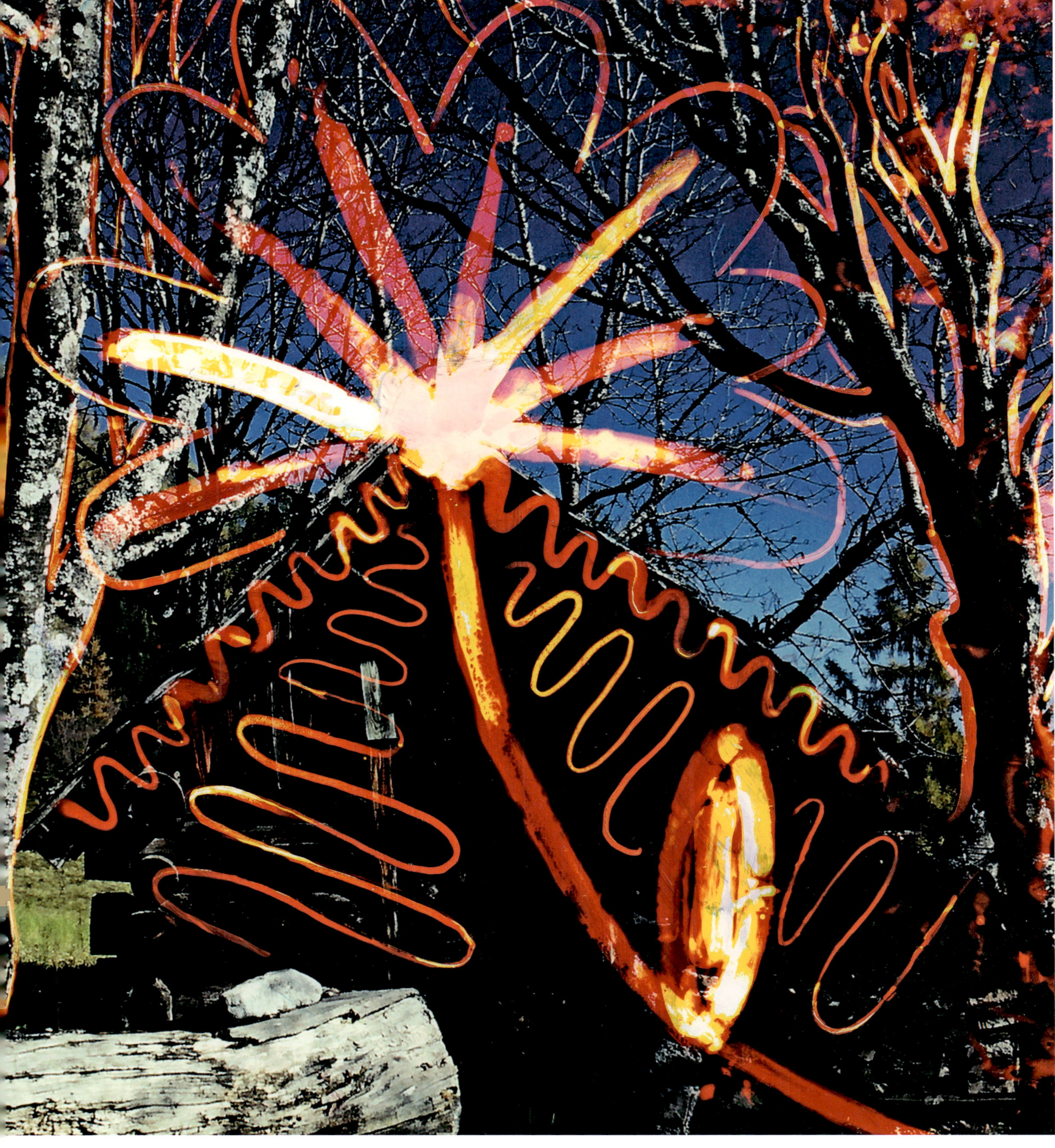

LAGORAI IMMAGINATO

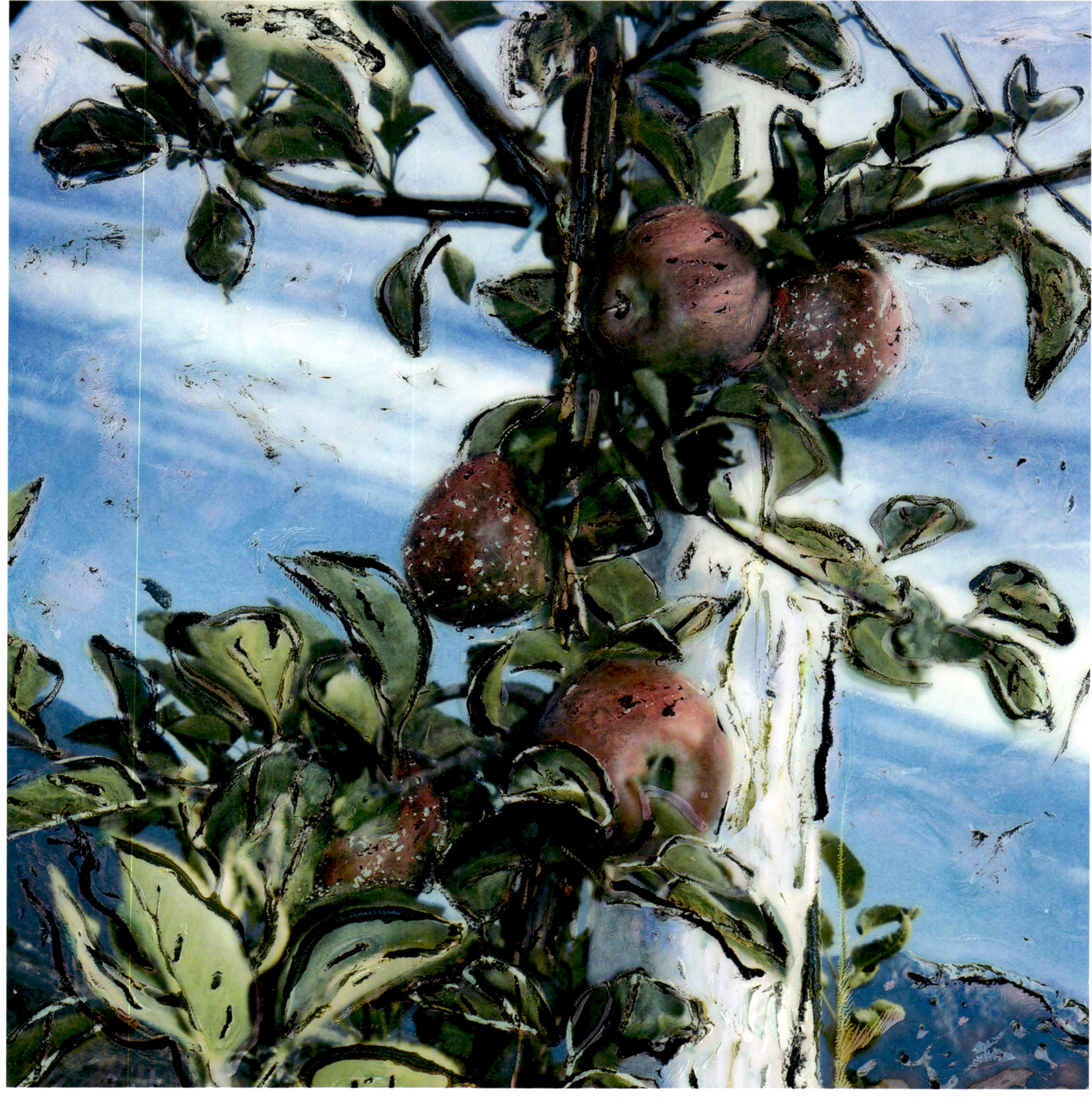

LAGORAI IMMAGINATO

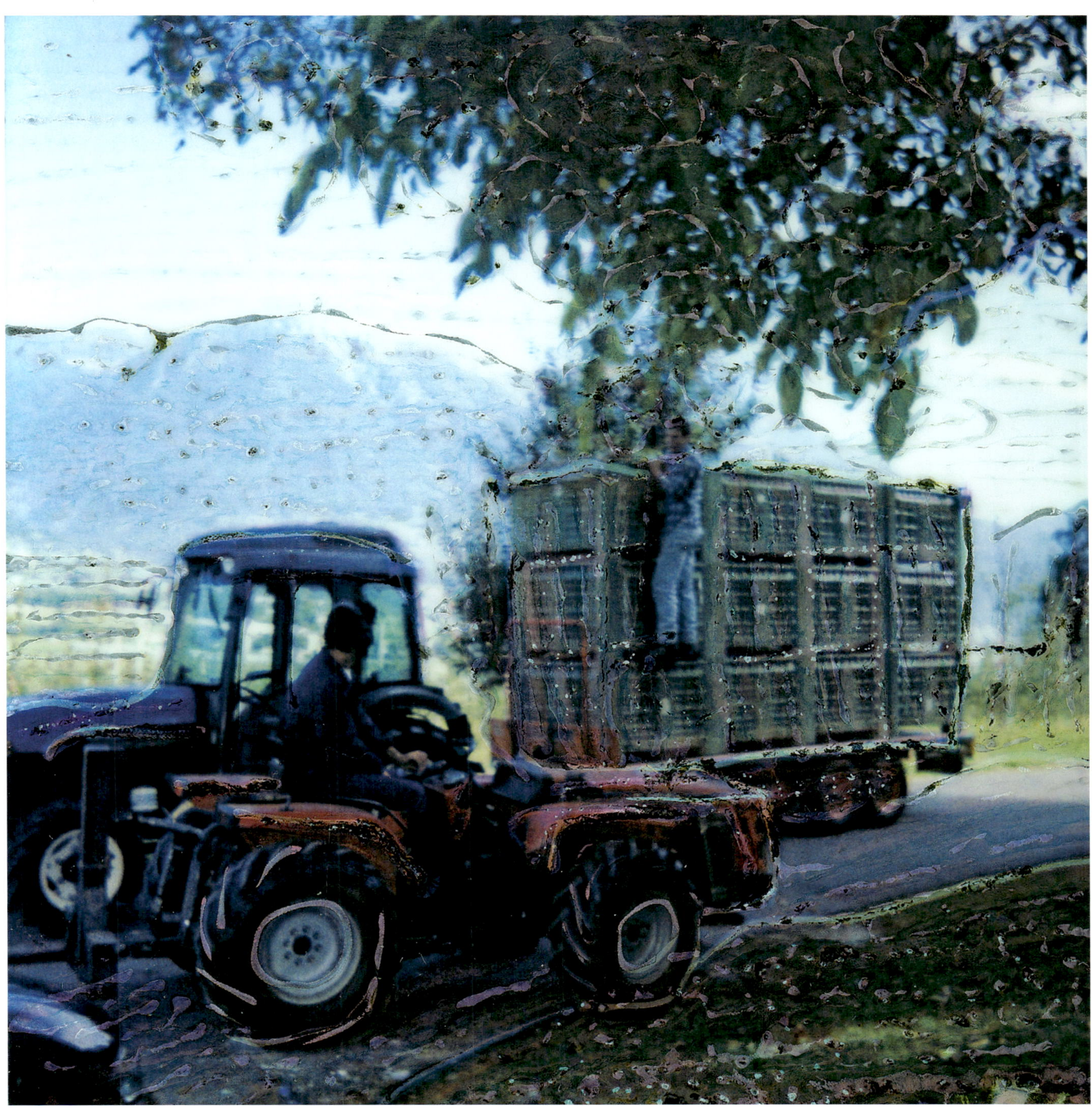

LAGORAI IMMAGINATO

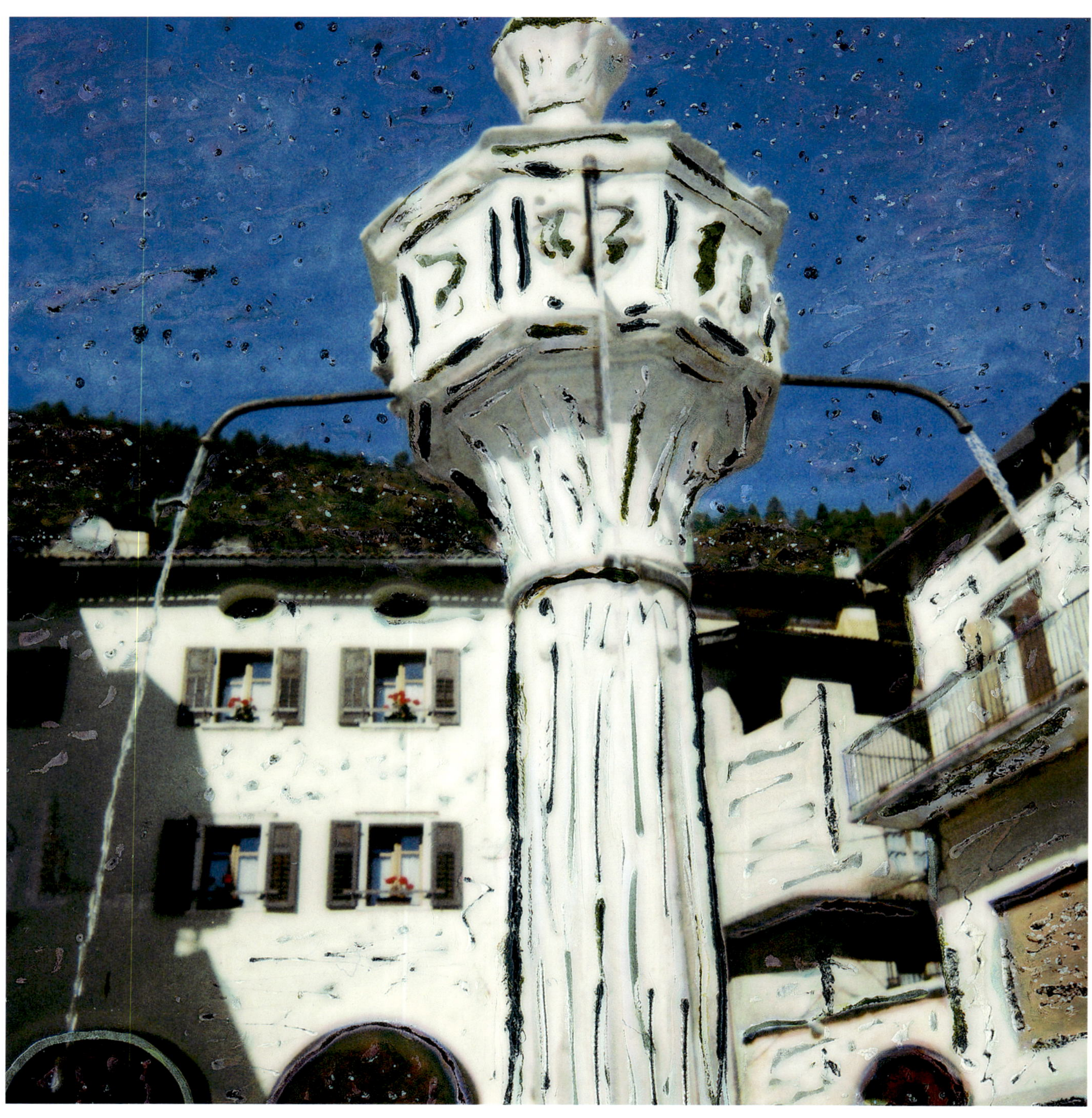

LAGORAI IMMAGINATO

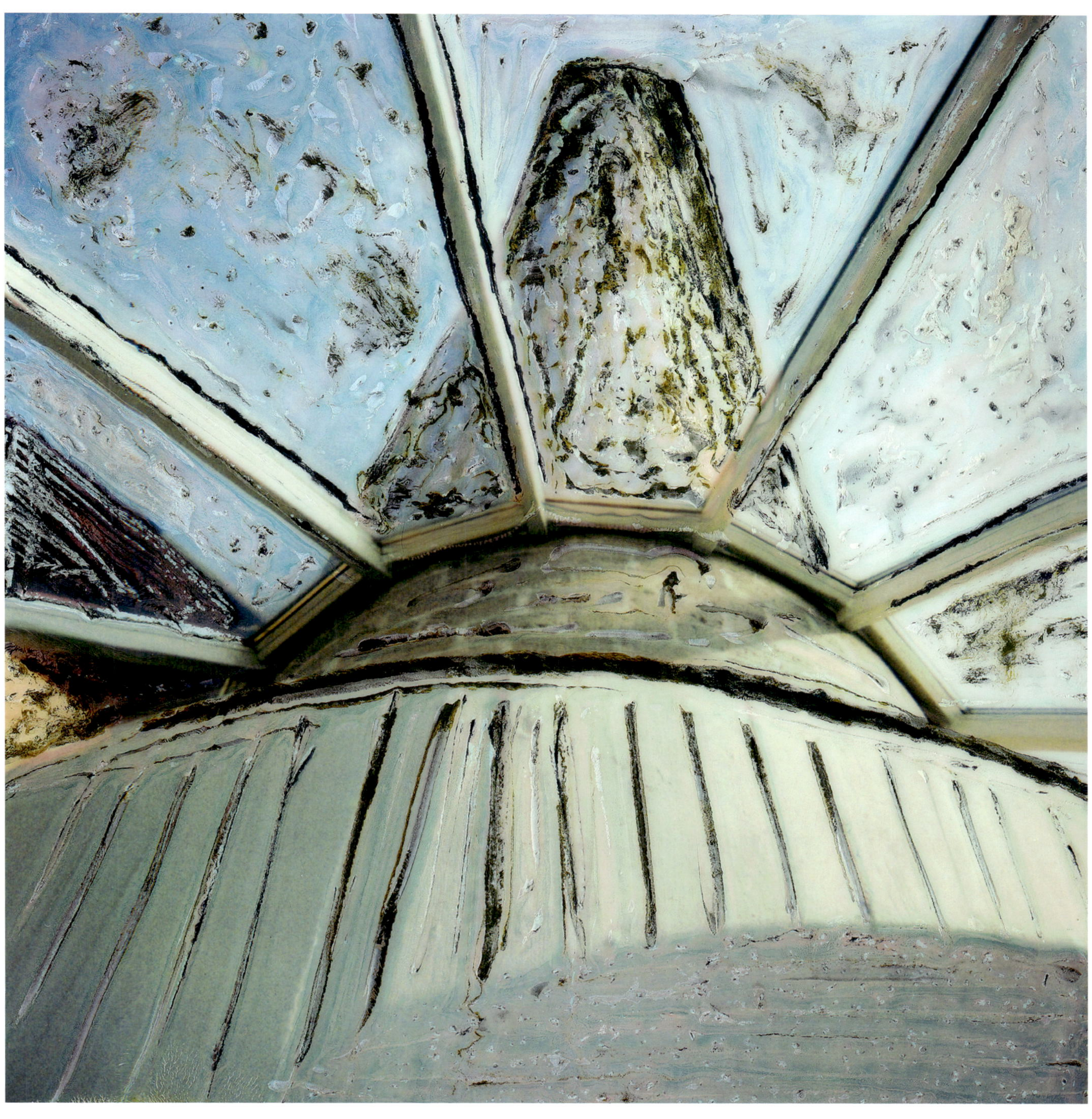

LAGORAI IMMAGINATO

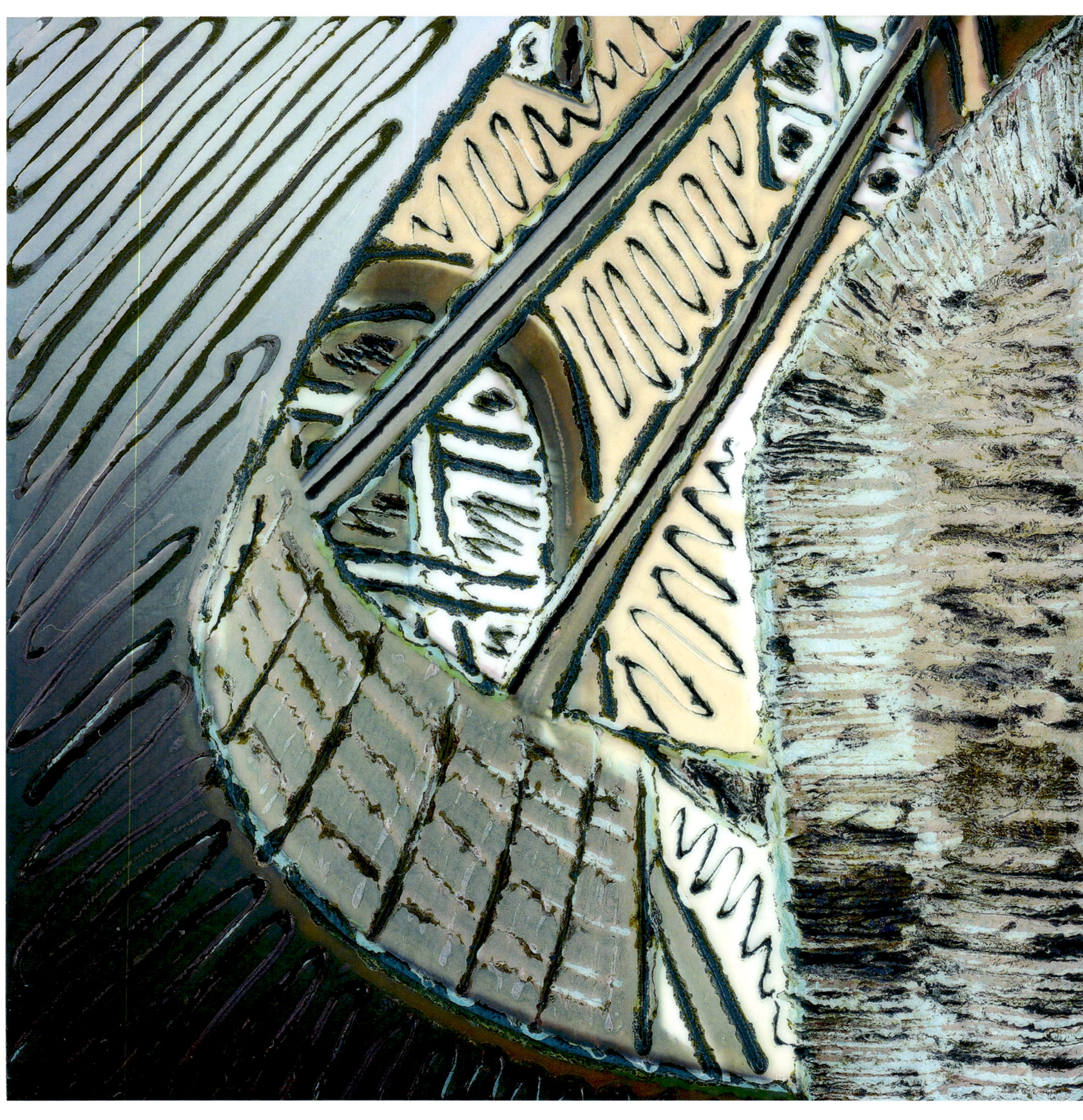

LAGORAI IMMAGINATO

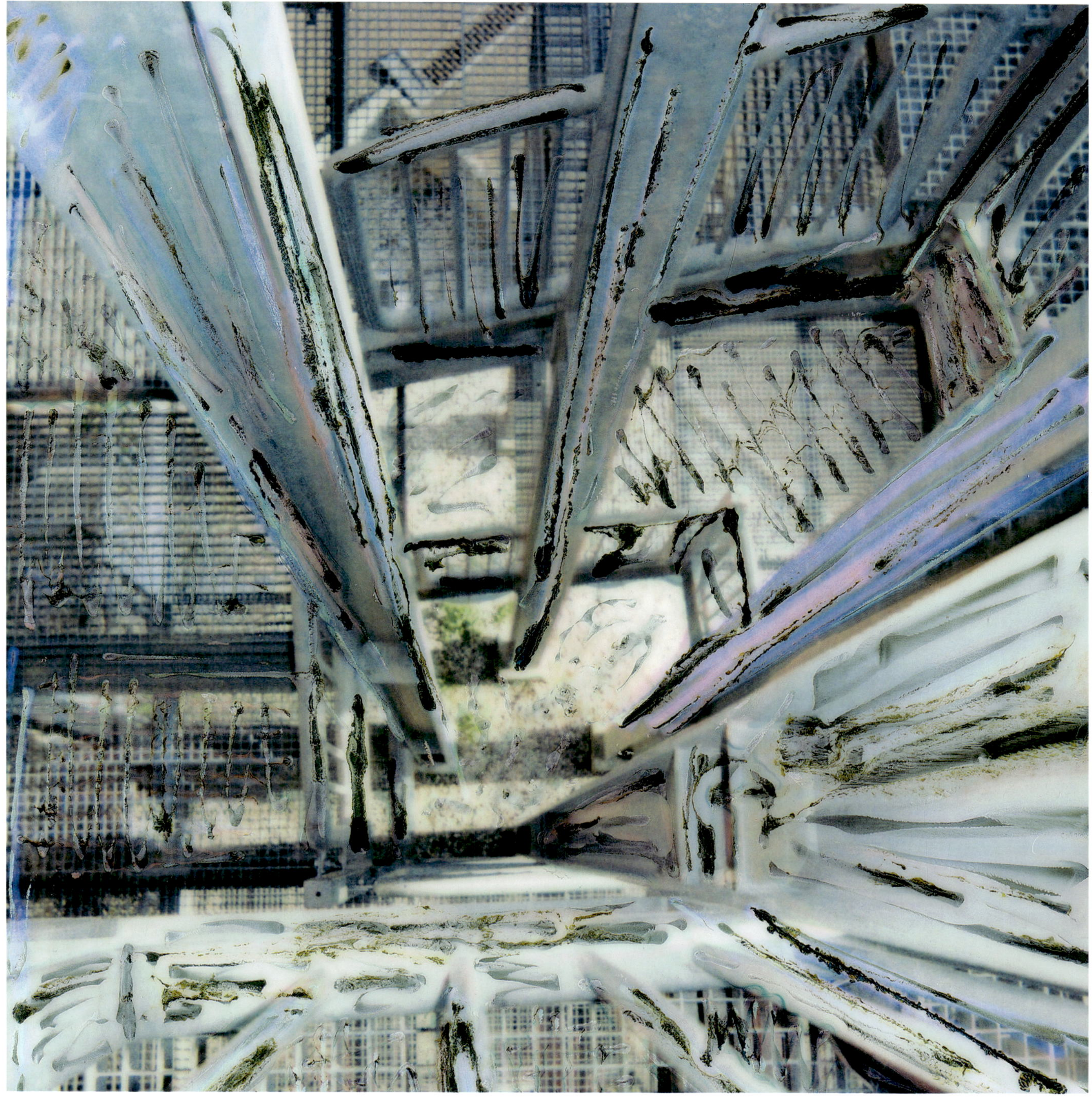

LAGORAI IMMAGINATO

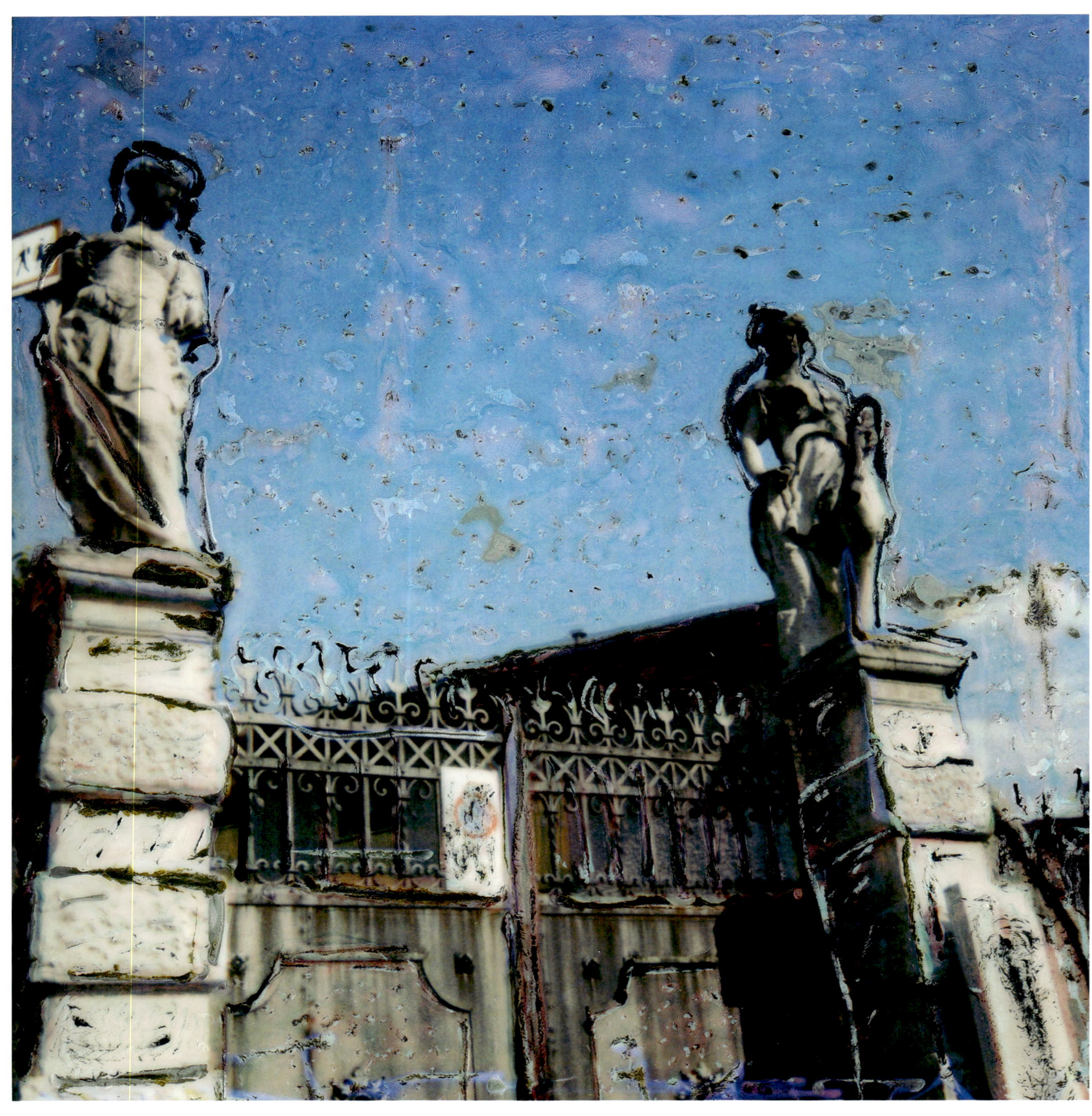

LAGORAI IMMAGINATO

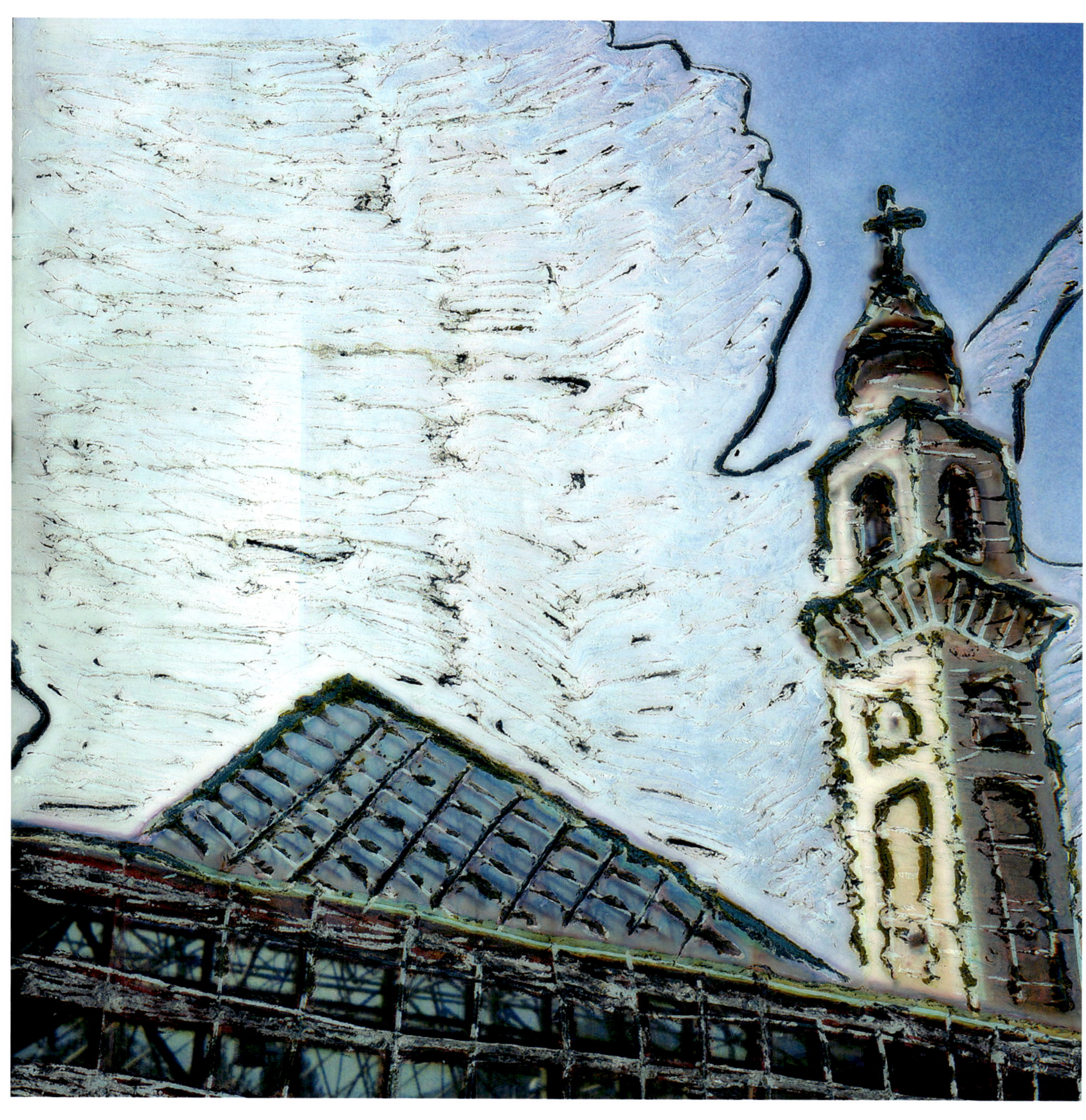

LAGORAI IMMAGINATO

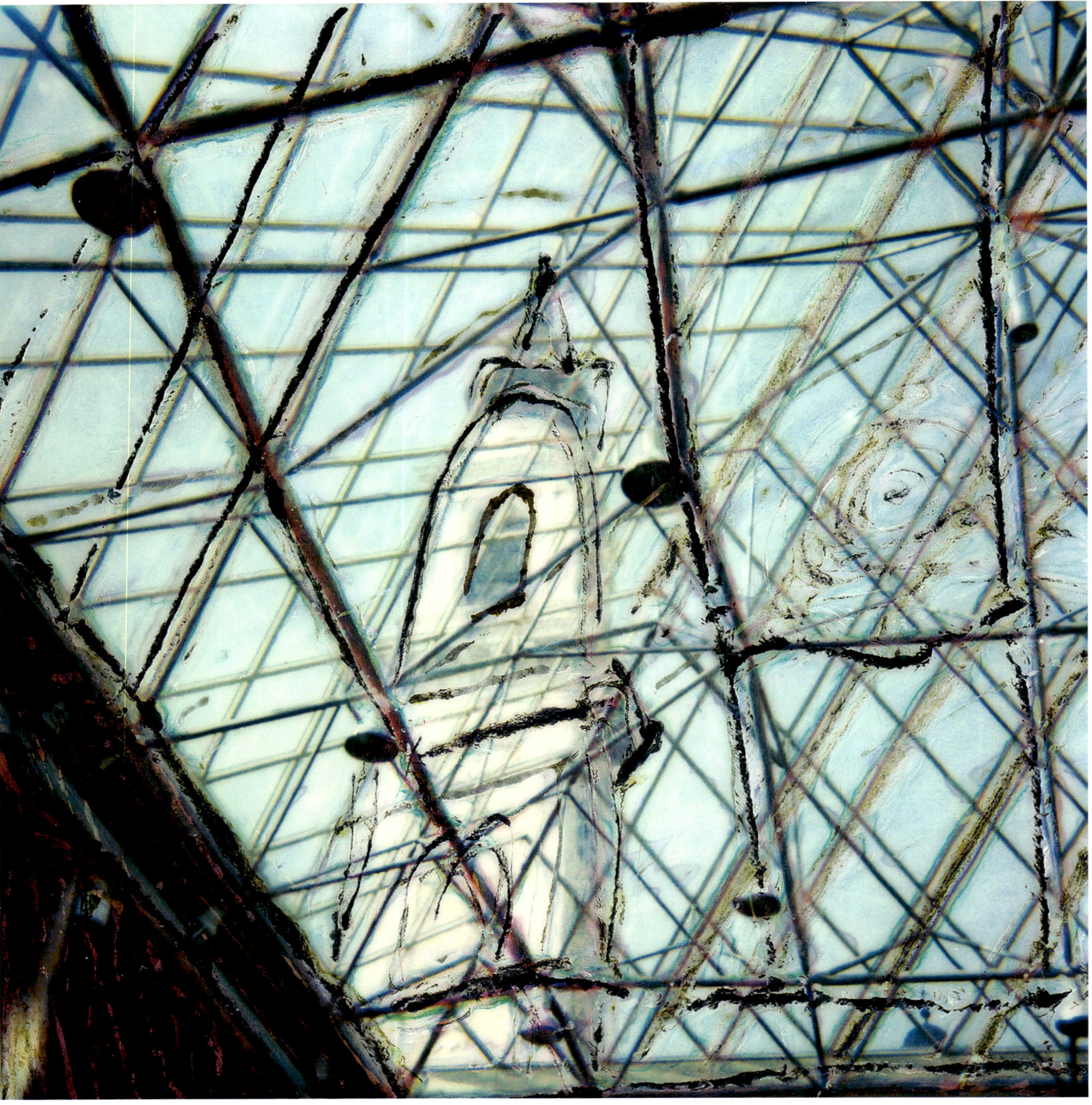

LAGORAI IMMAGINATO

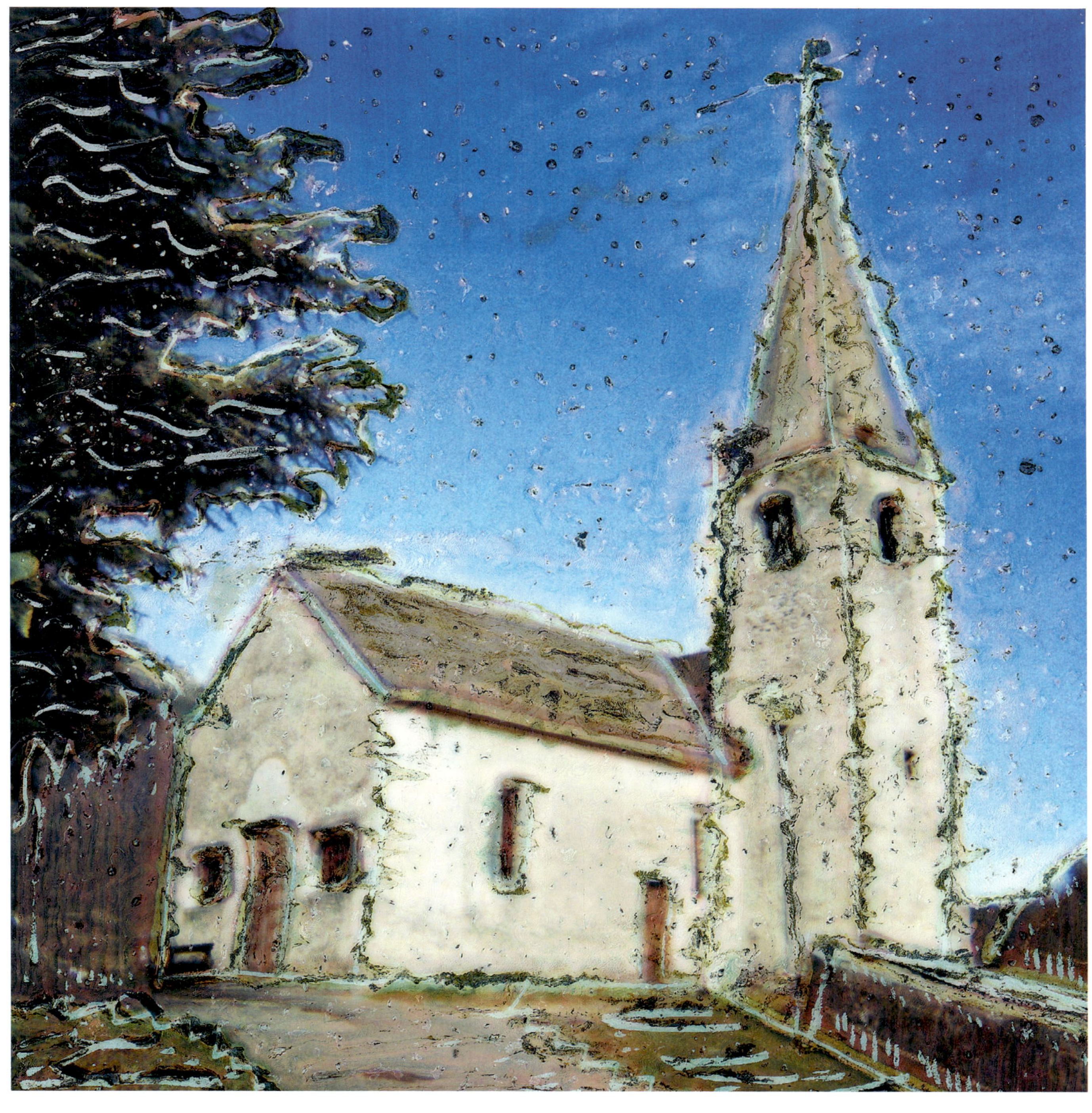

LAGORAI IMMAGINATO

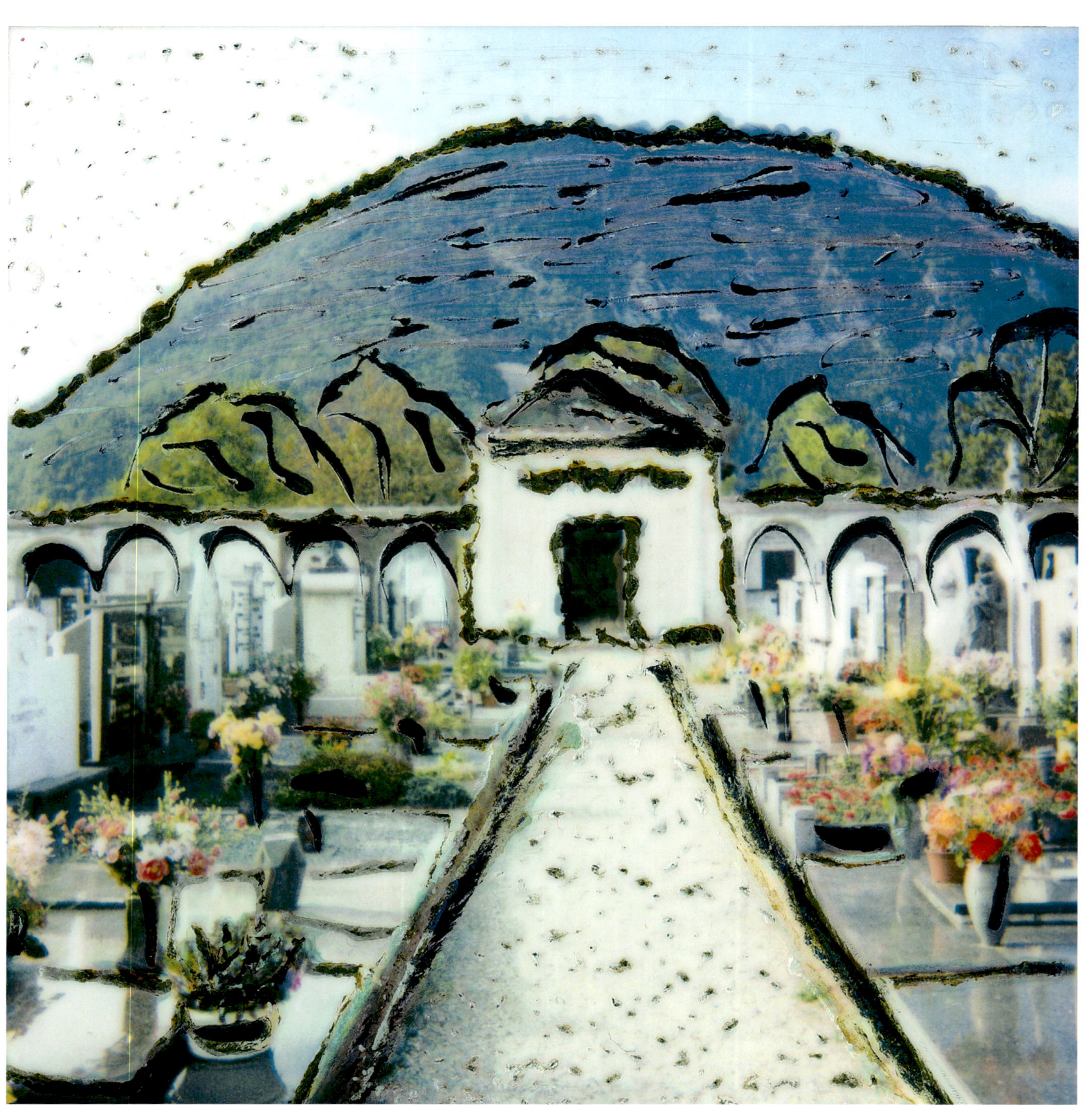

LAGORAI IMMAGINATO

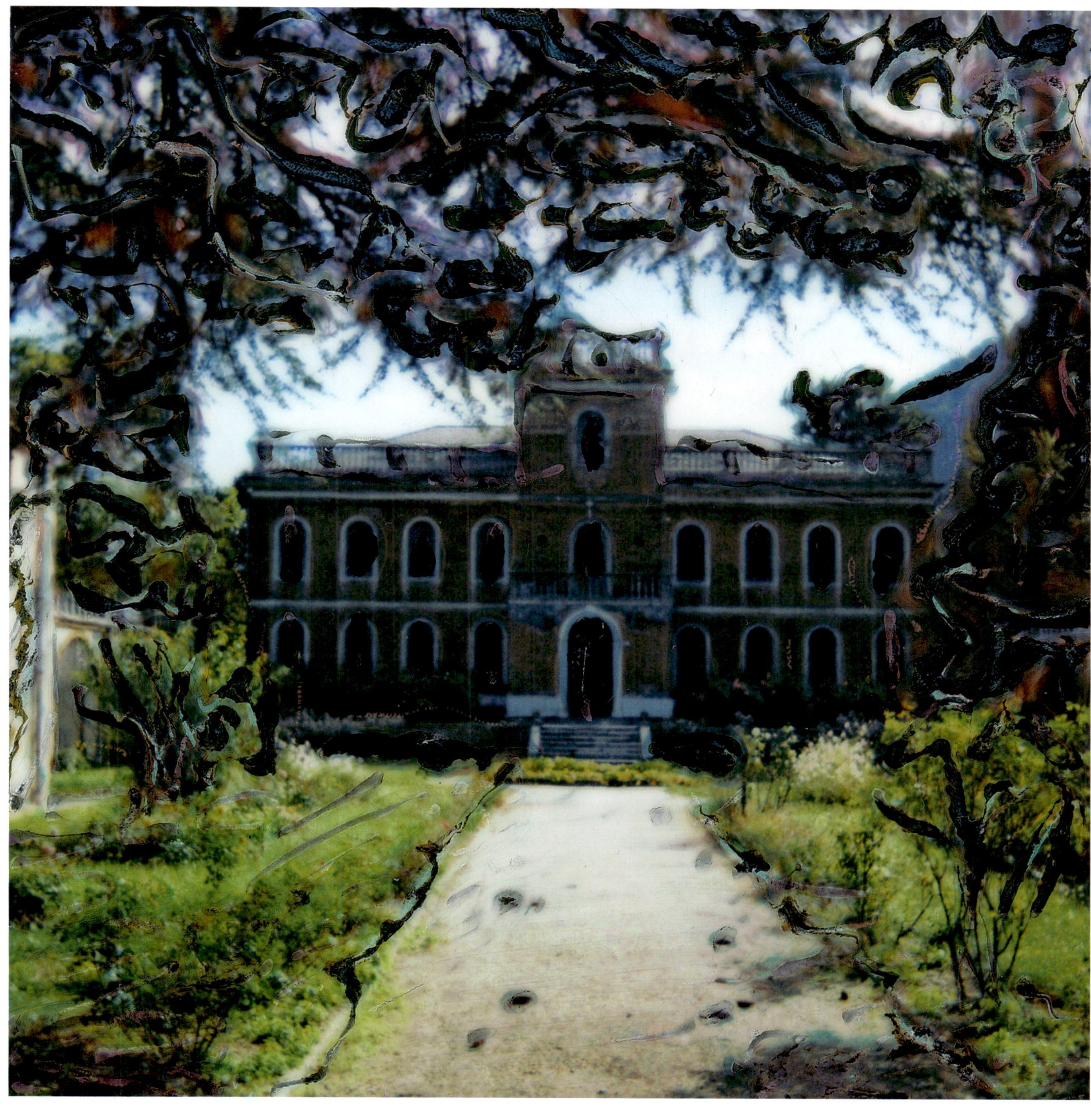

LAGORAI IMMAGINATO

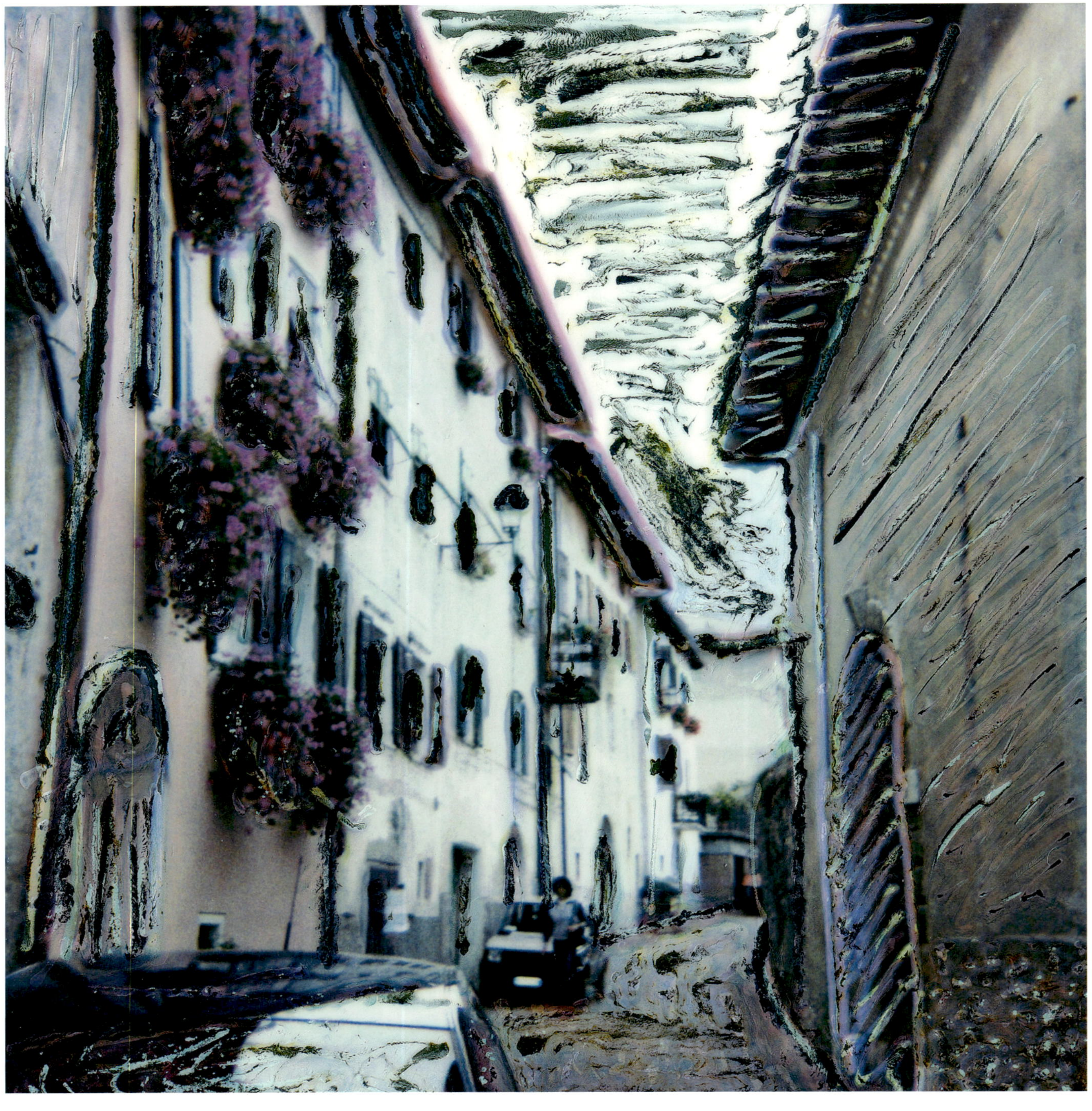

LAGORAI IMMAGINATO

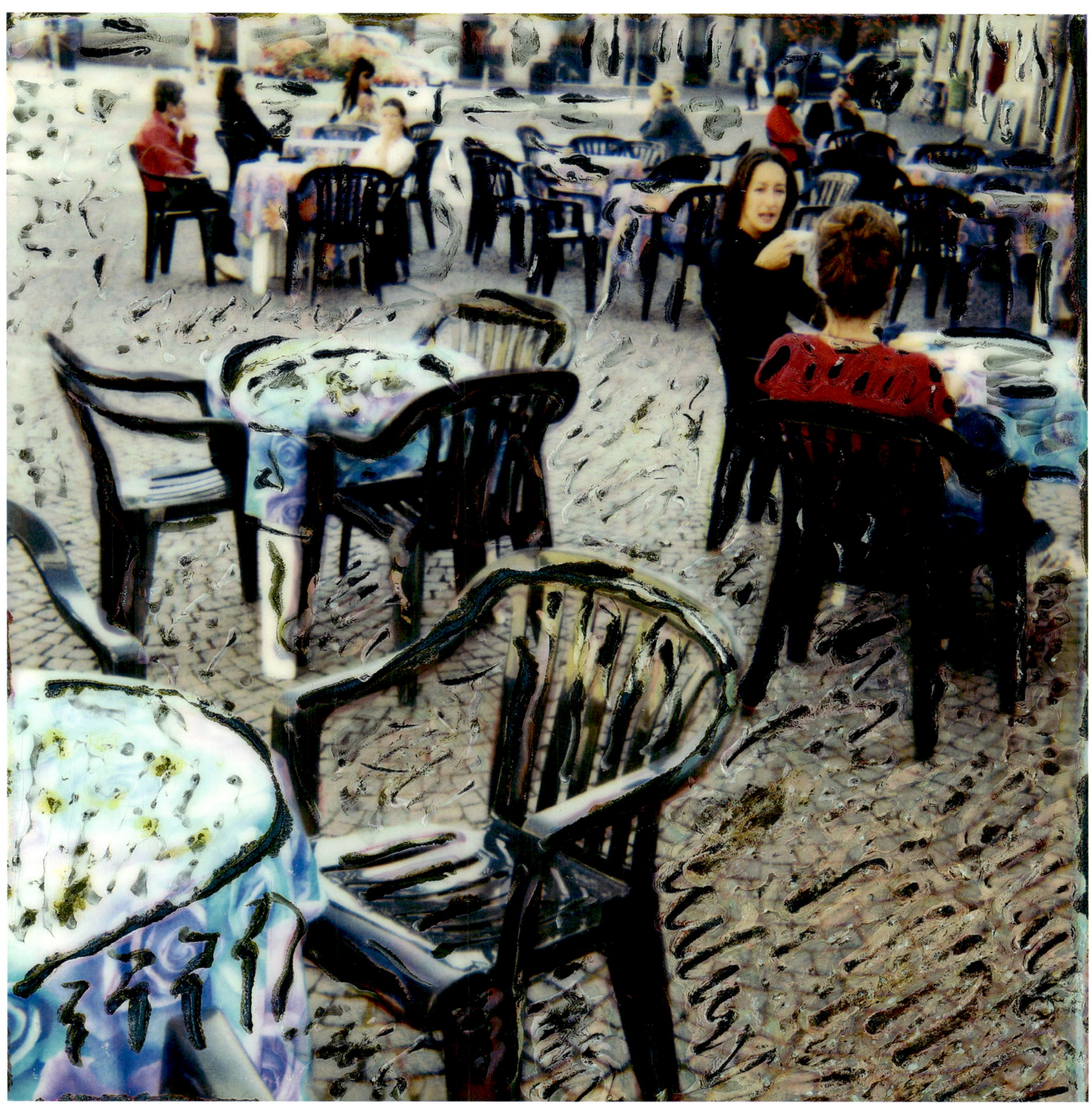

LAGORAI IMMAGINATO

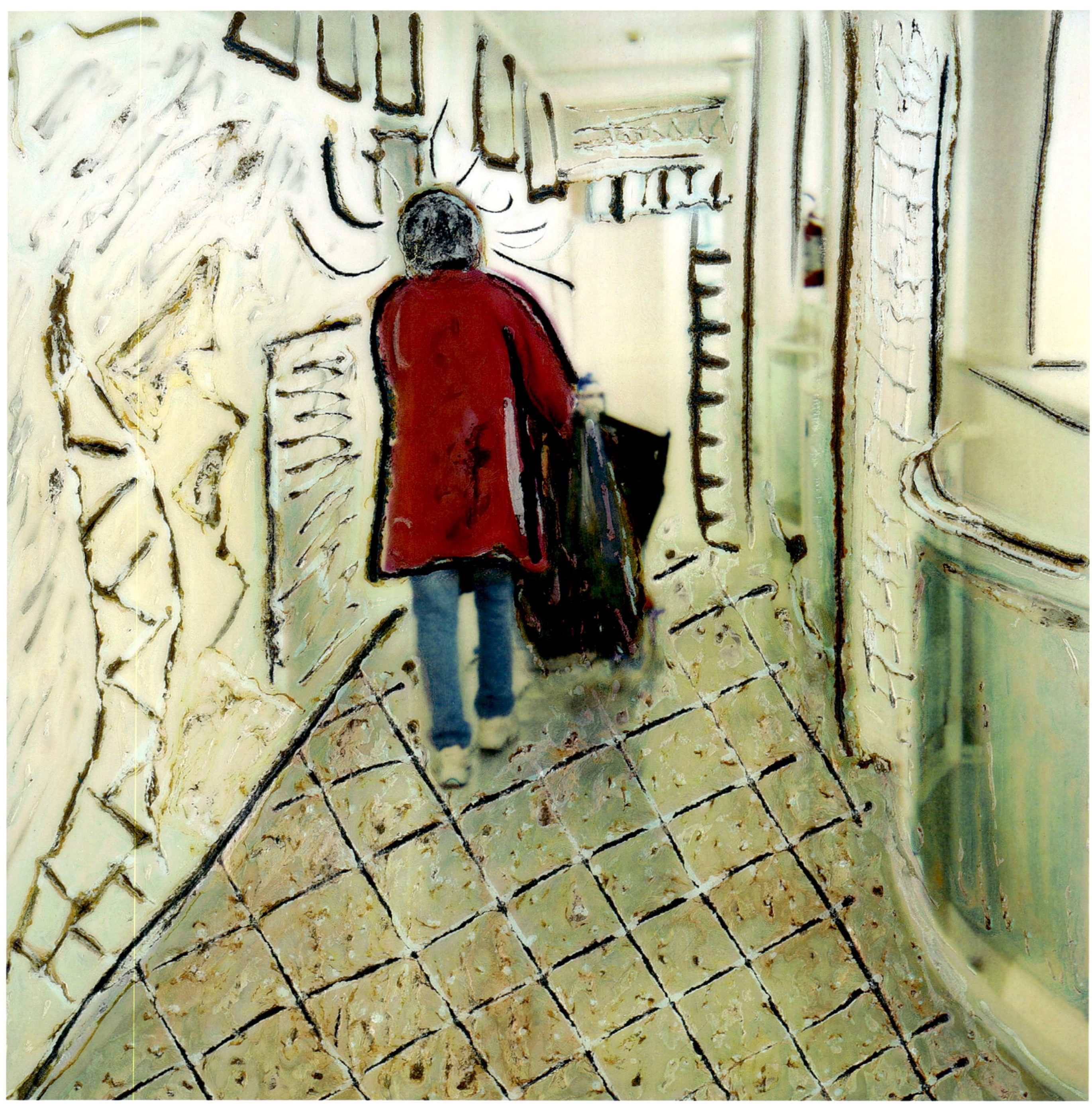

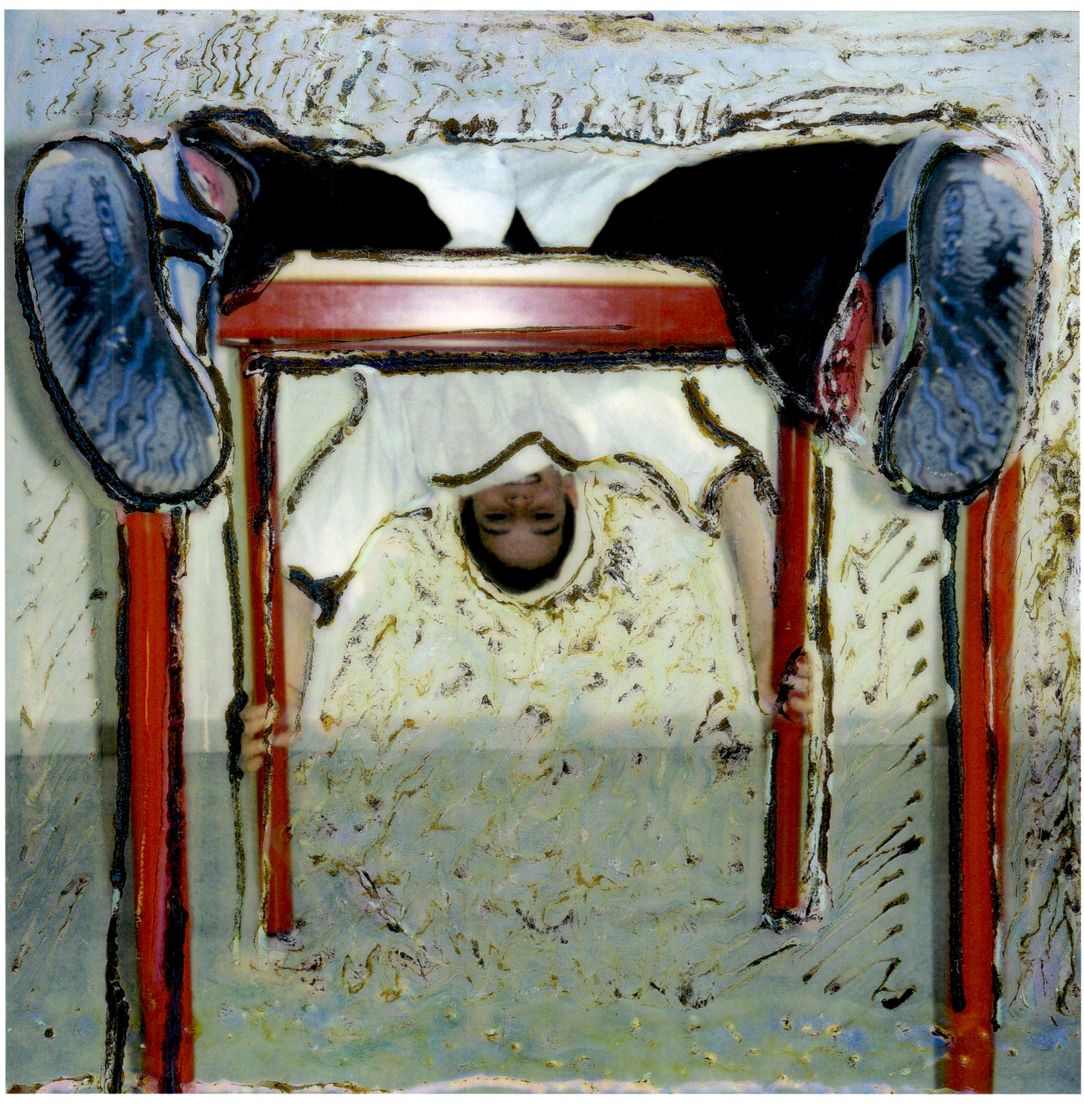

LAGORAI IMMAGINATO

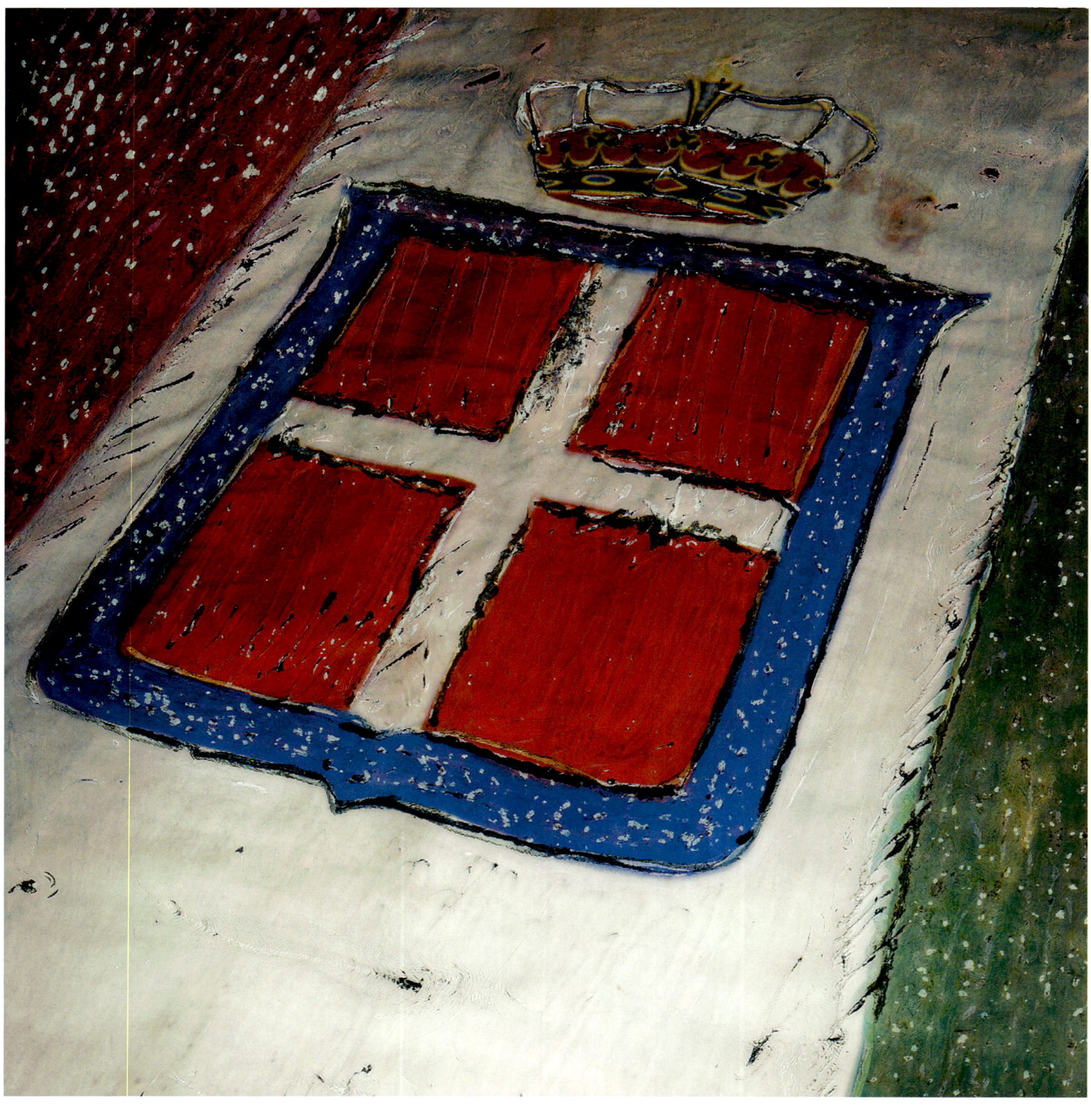

LAGORAI IMMAGINATO

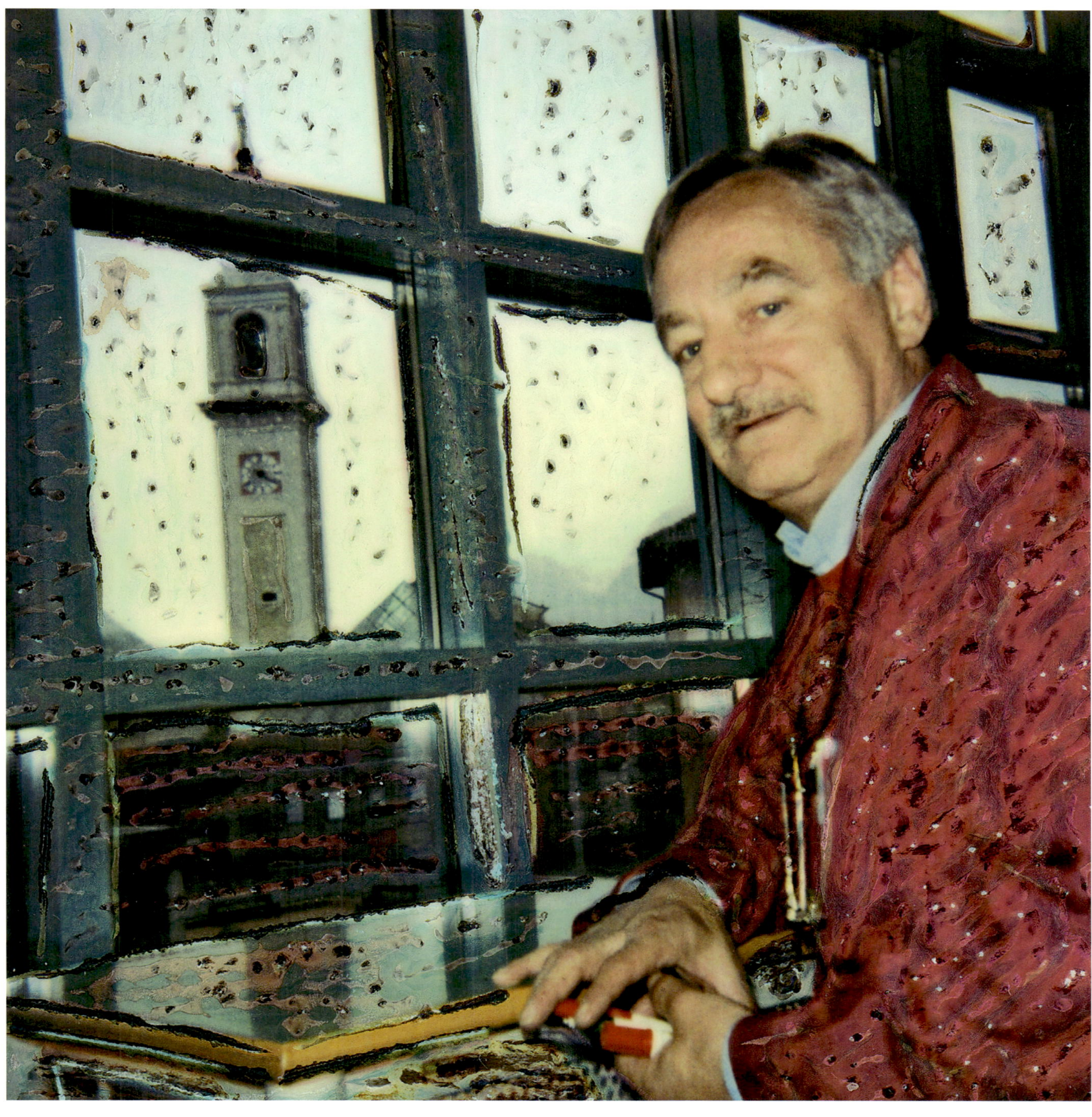

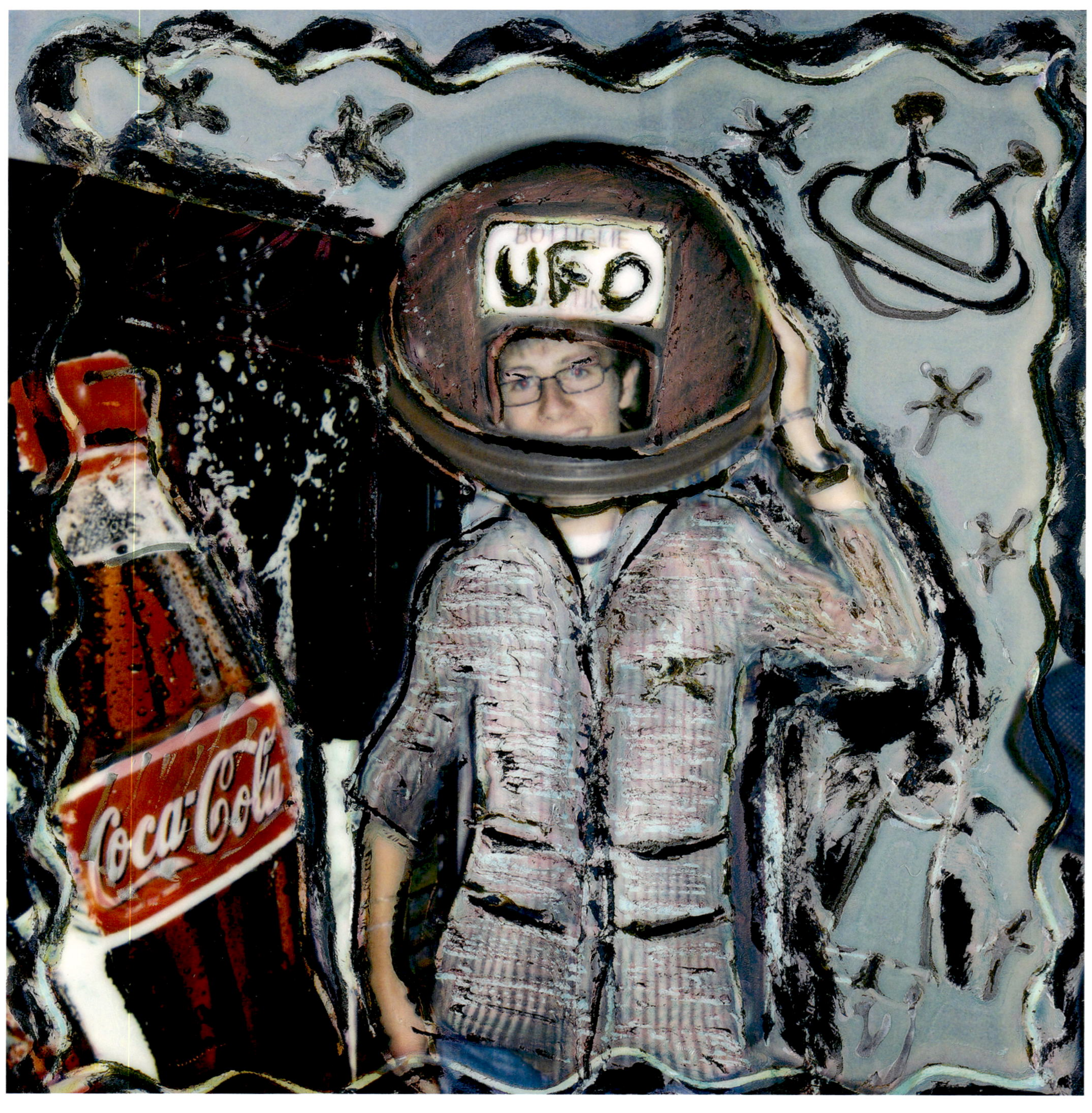
UFO
Coca-Cola

LAGORAI IMMAGINATO

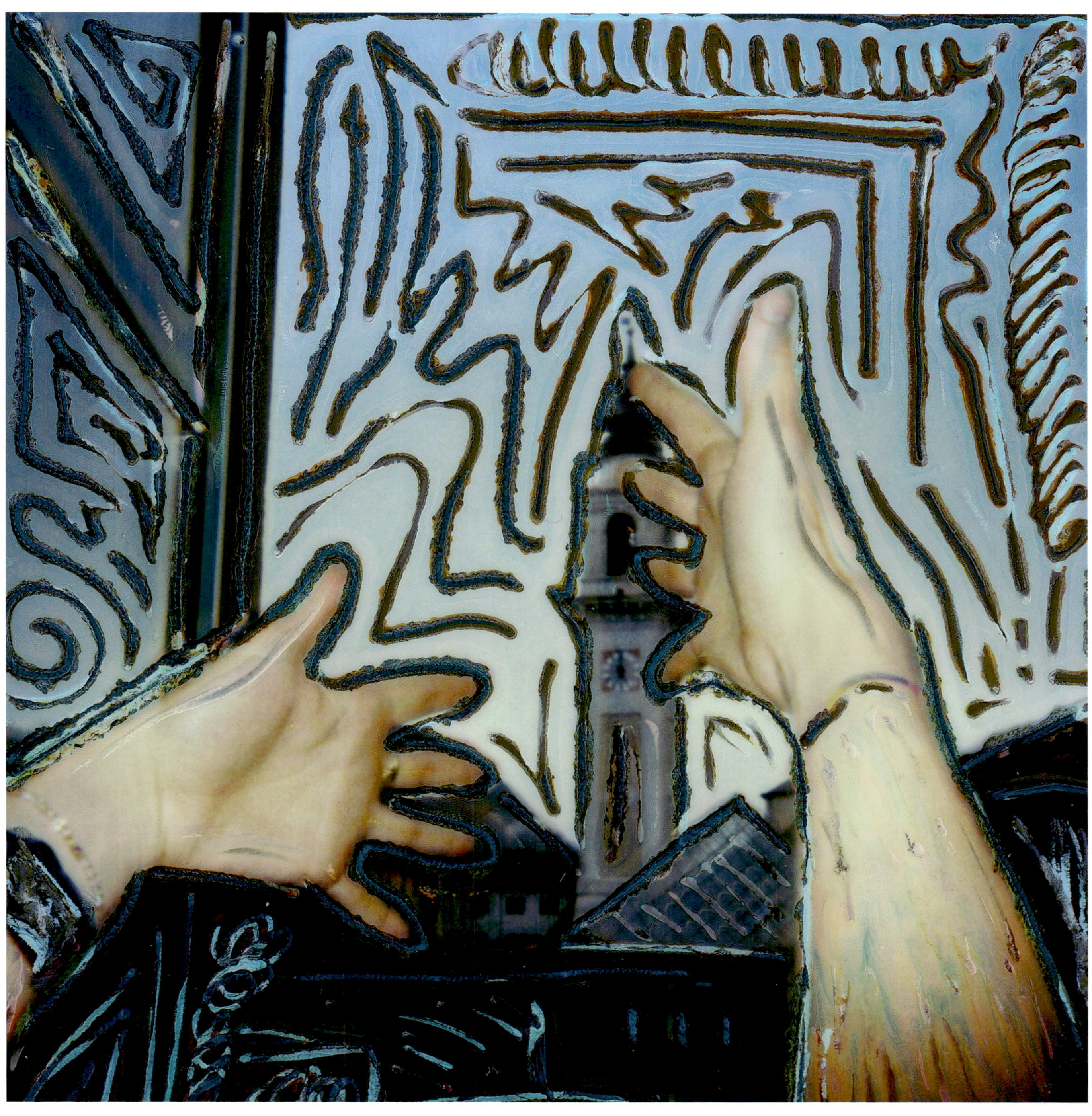

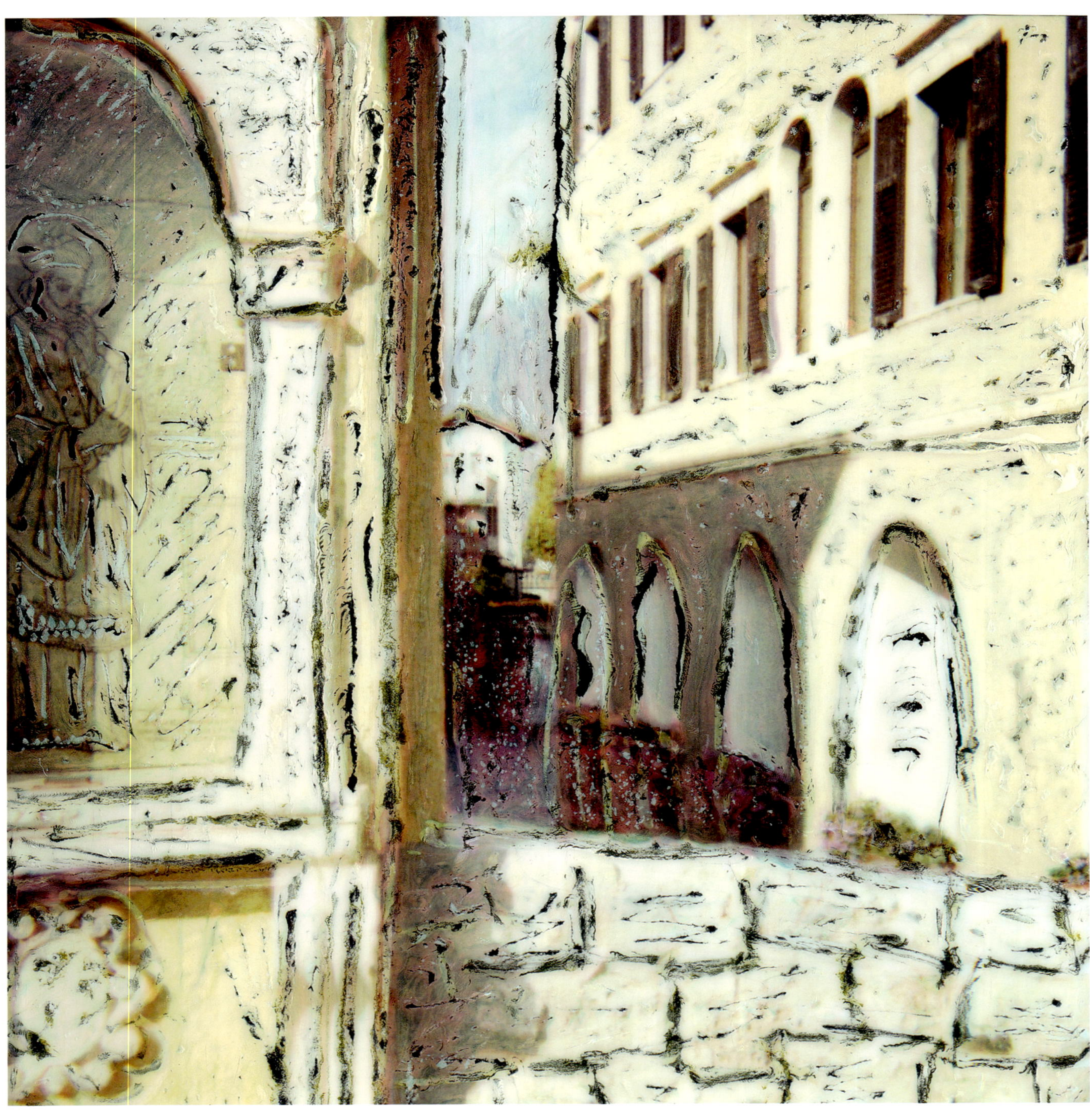

LAGORAI IMMAGINATO

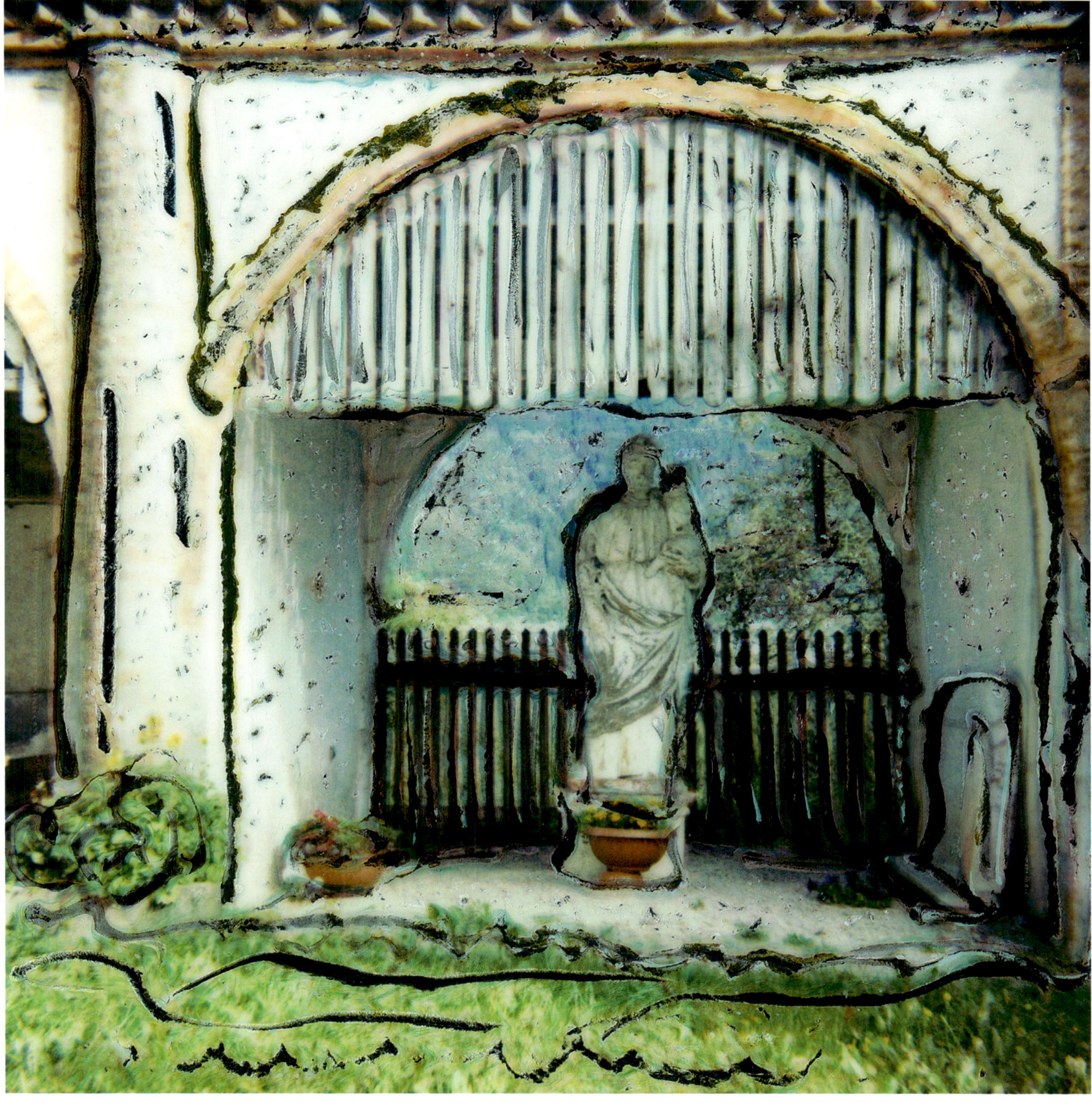

LAGORAI IMMAGINATO

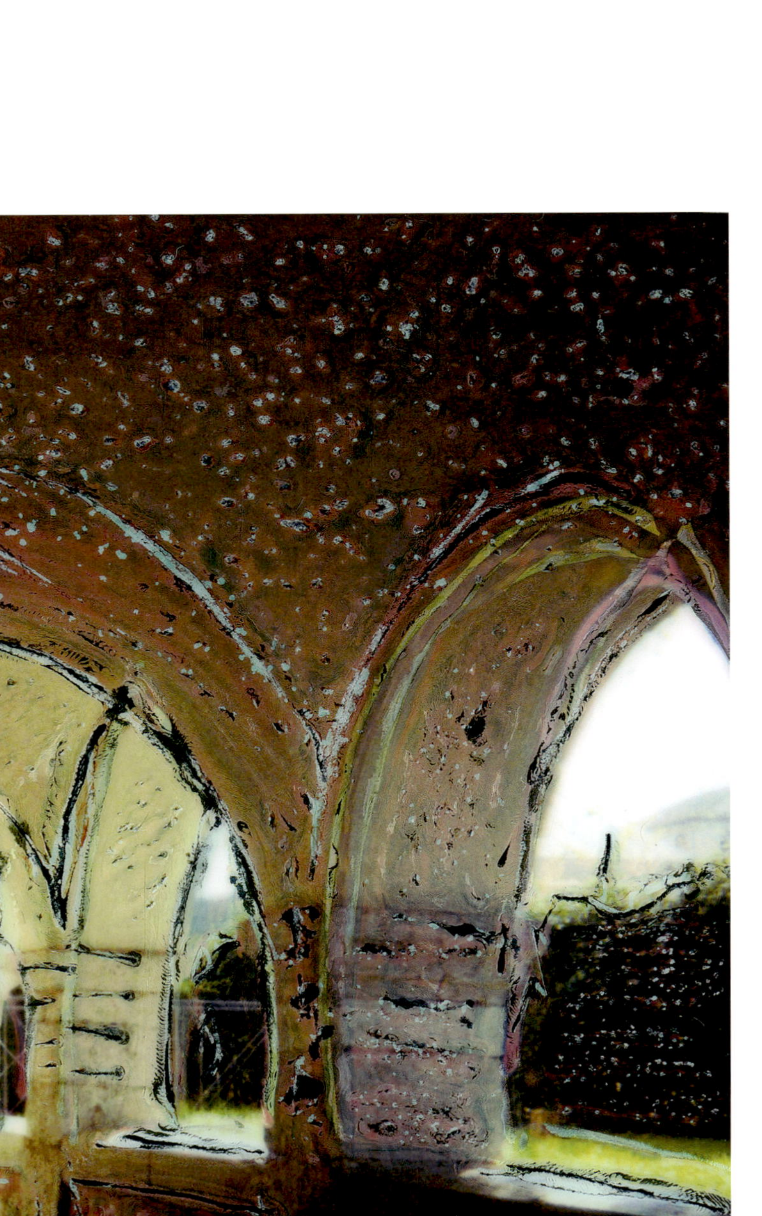

LAGORAI IMMAGINATO

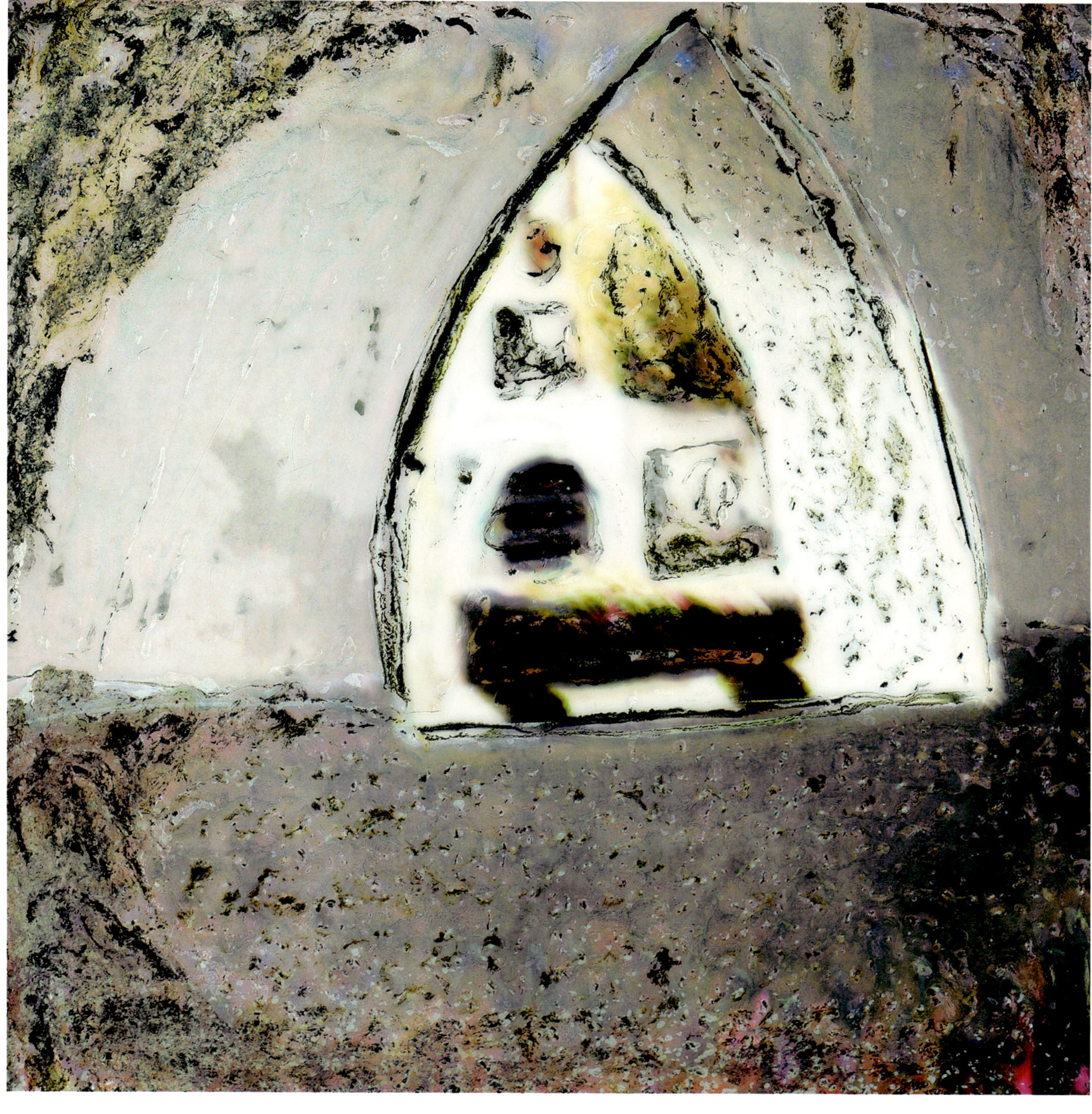

LAGORAI IMMAGINATO

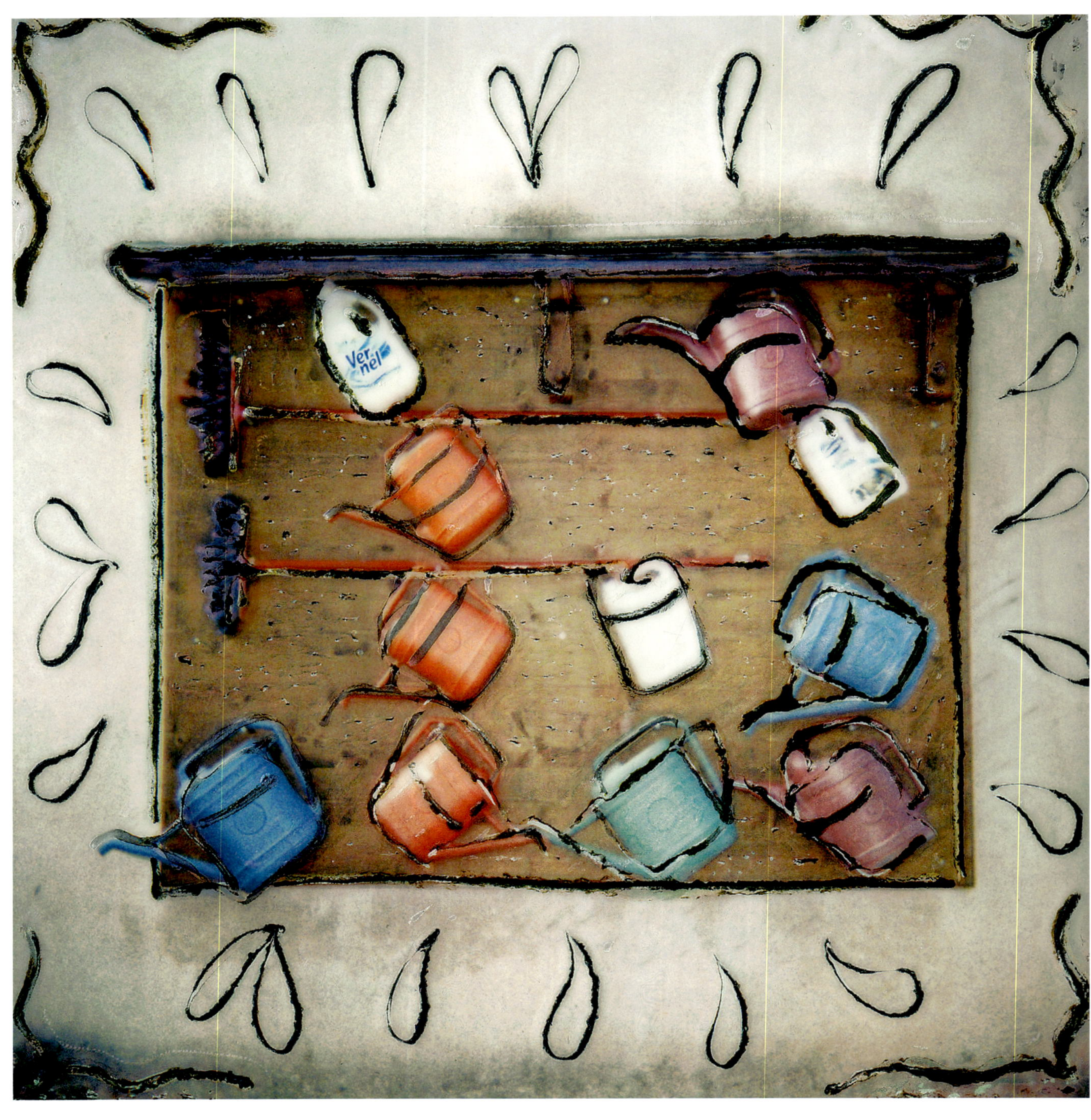

LAGORAI IMMAGINATO

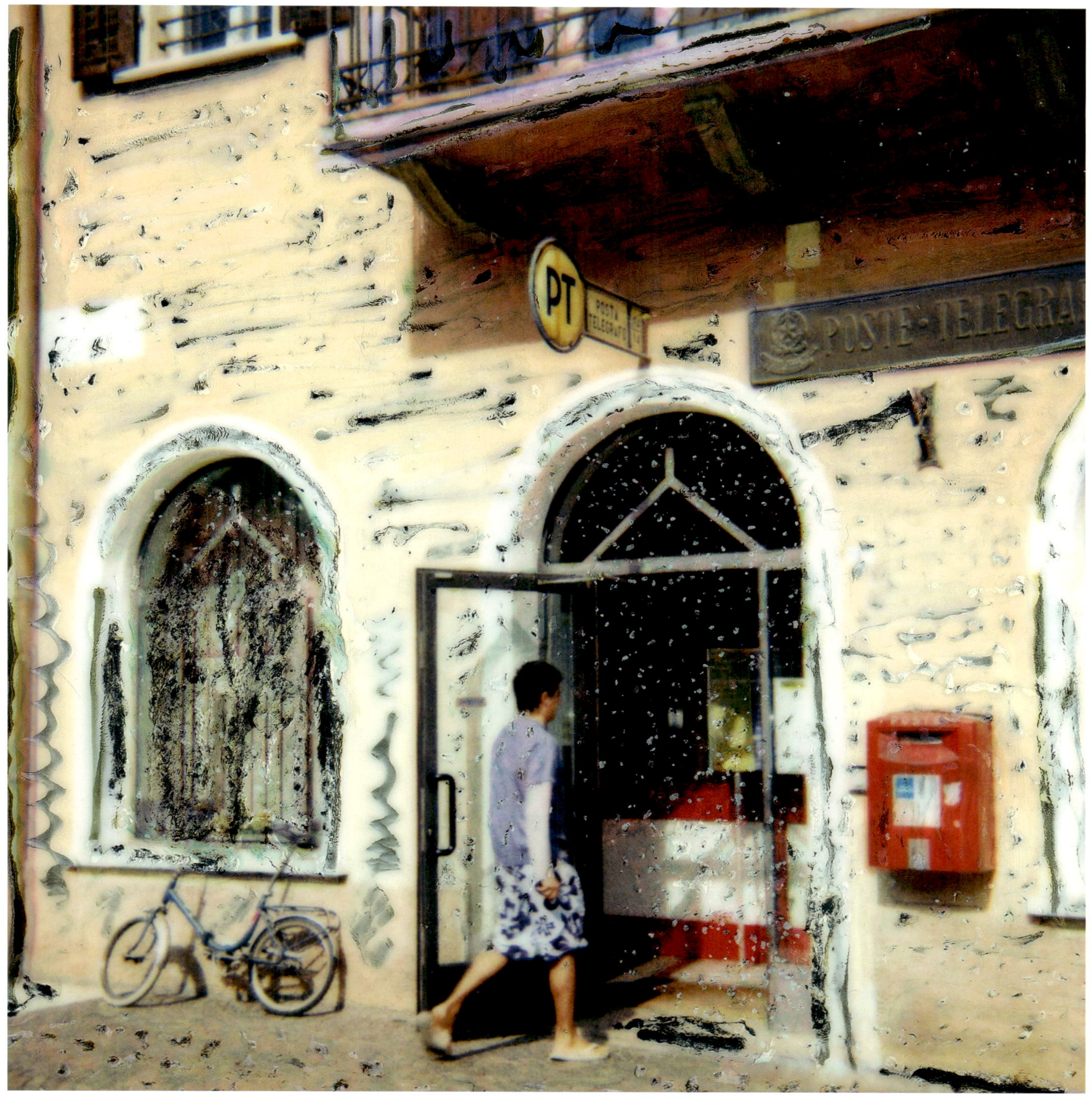

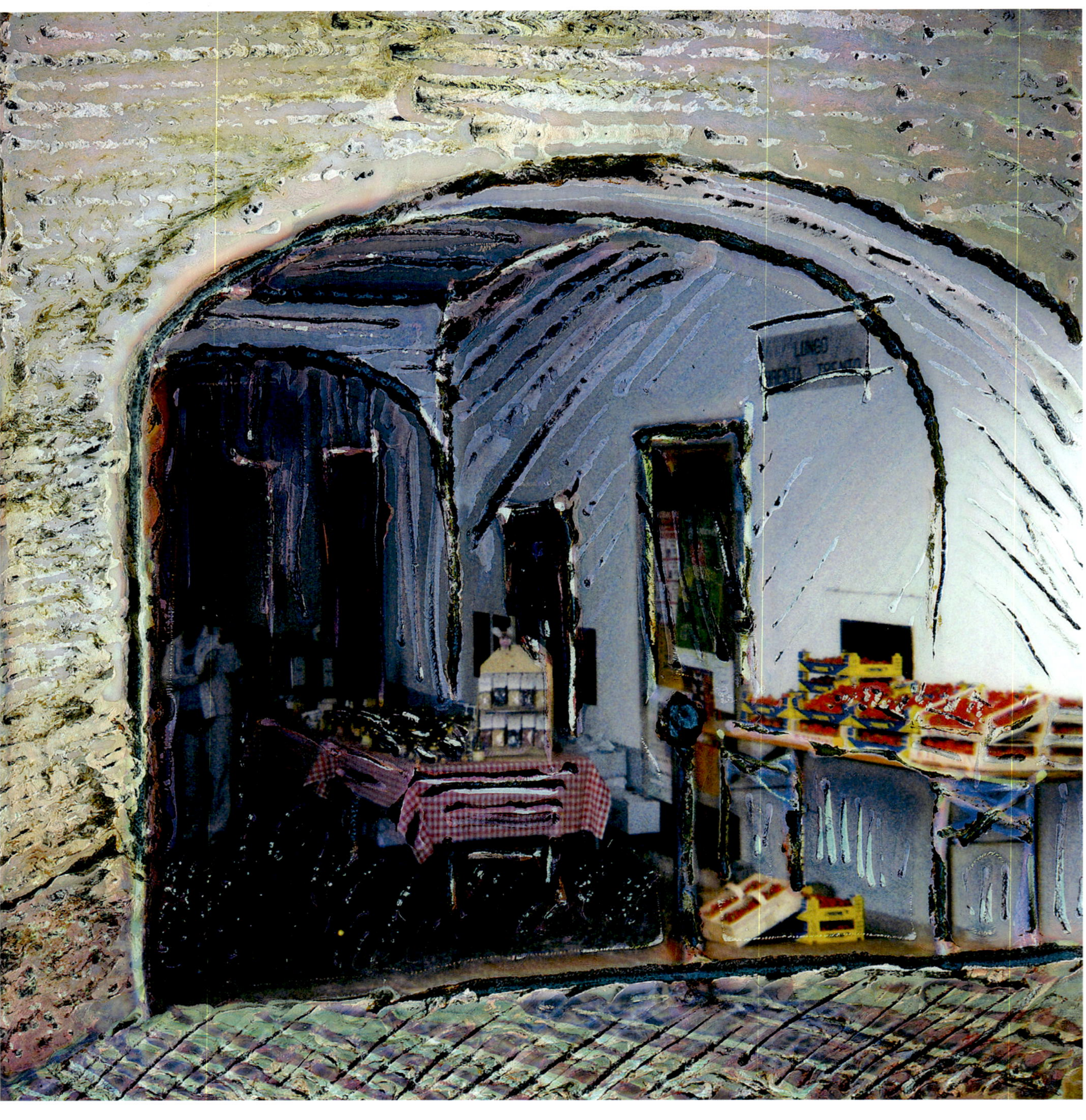

LAGORAI IMMAGINATO

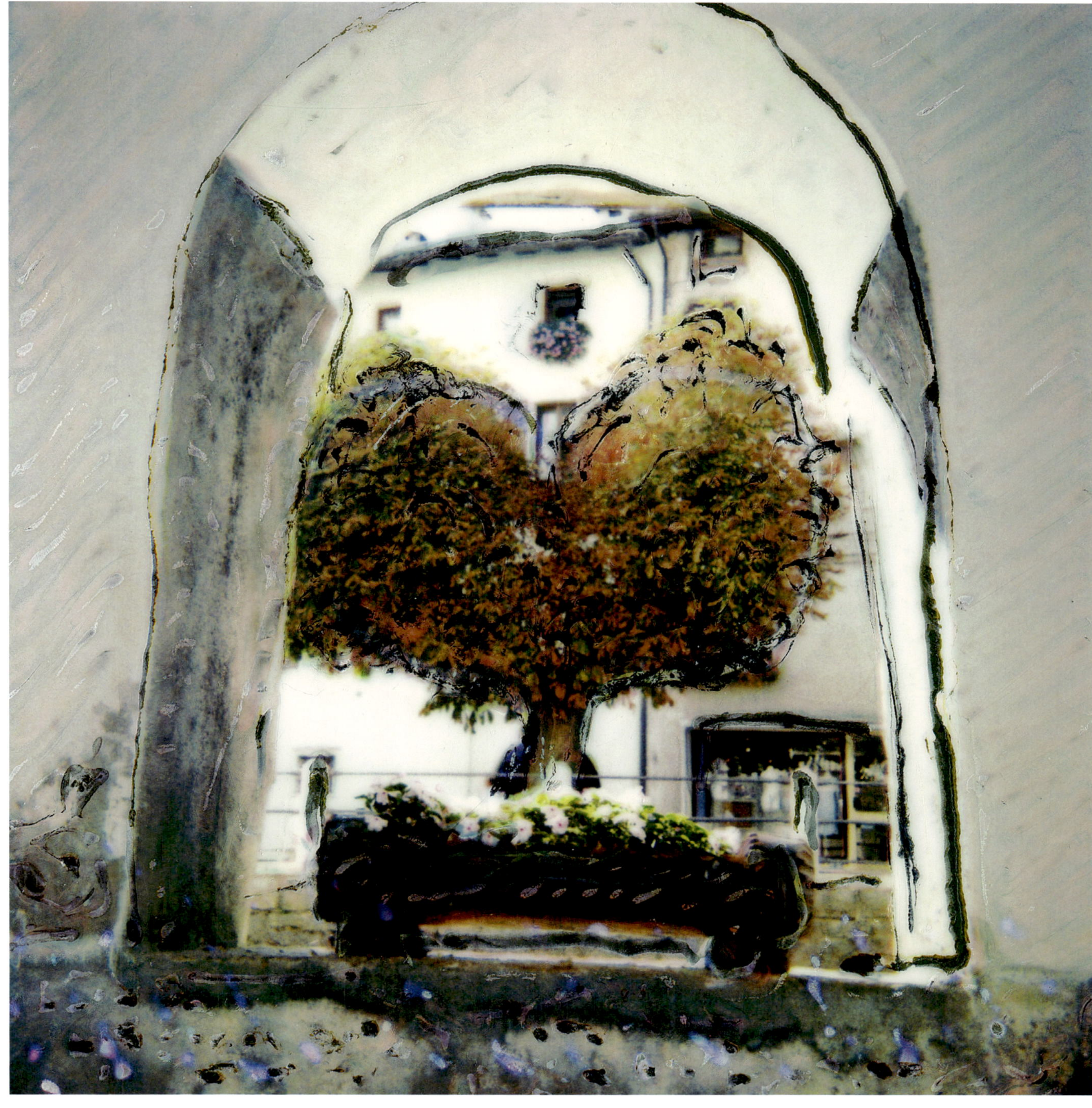

LAGORAI IMMAGINATO

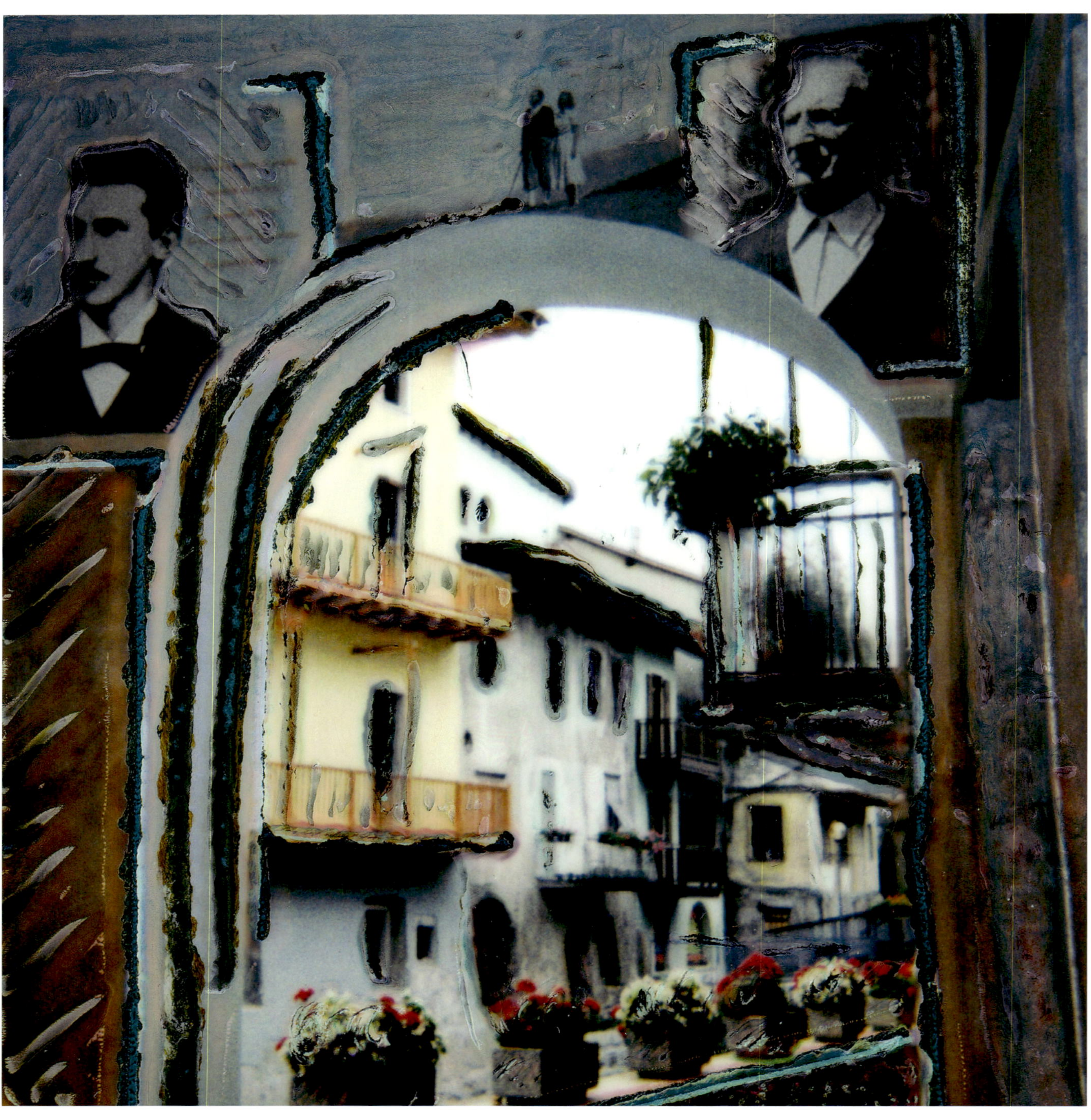

LAGORAI IMMAGINATO

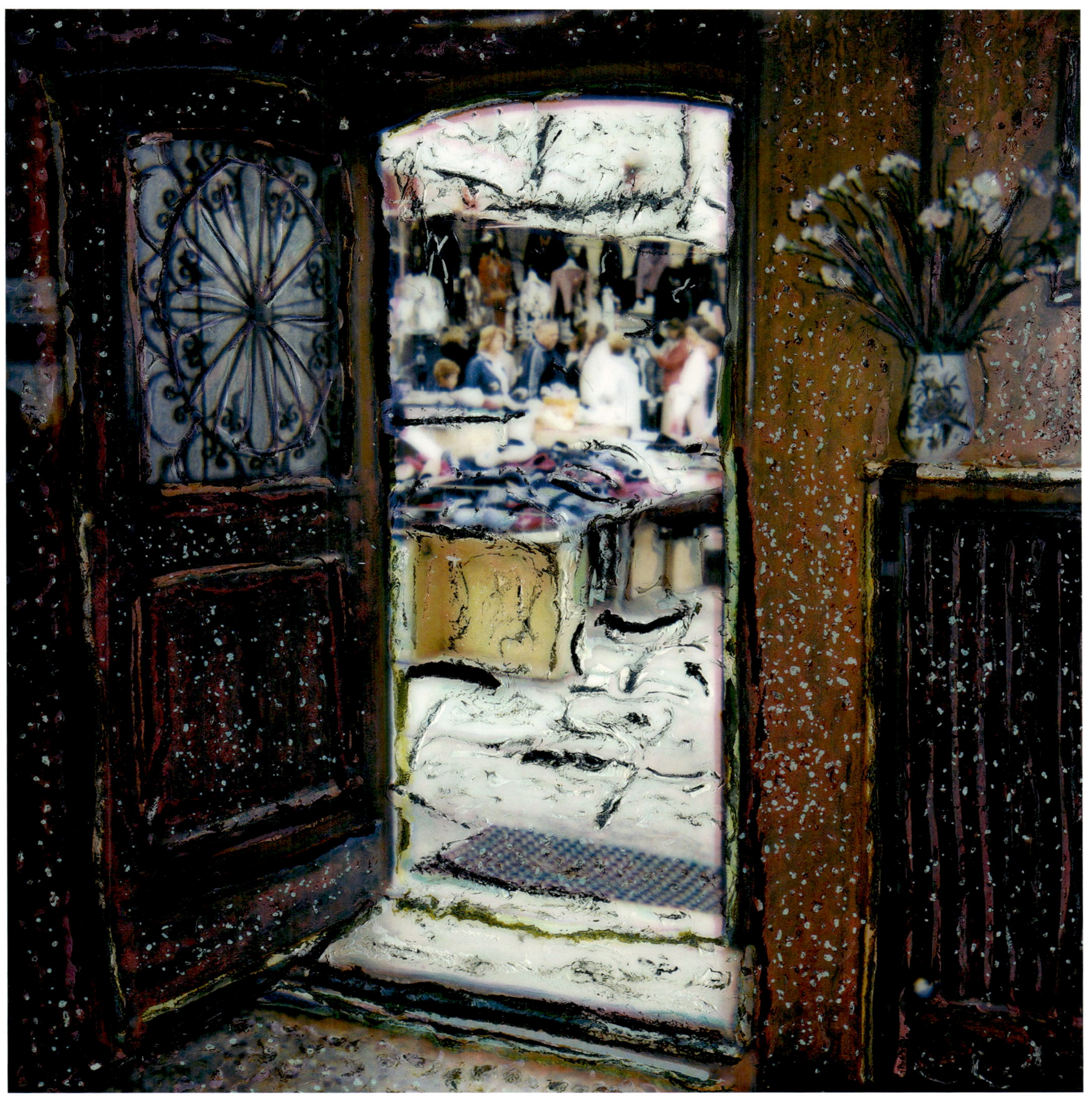

LAGORAI IMMAGINATO

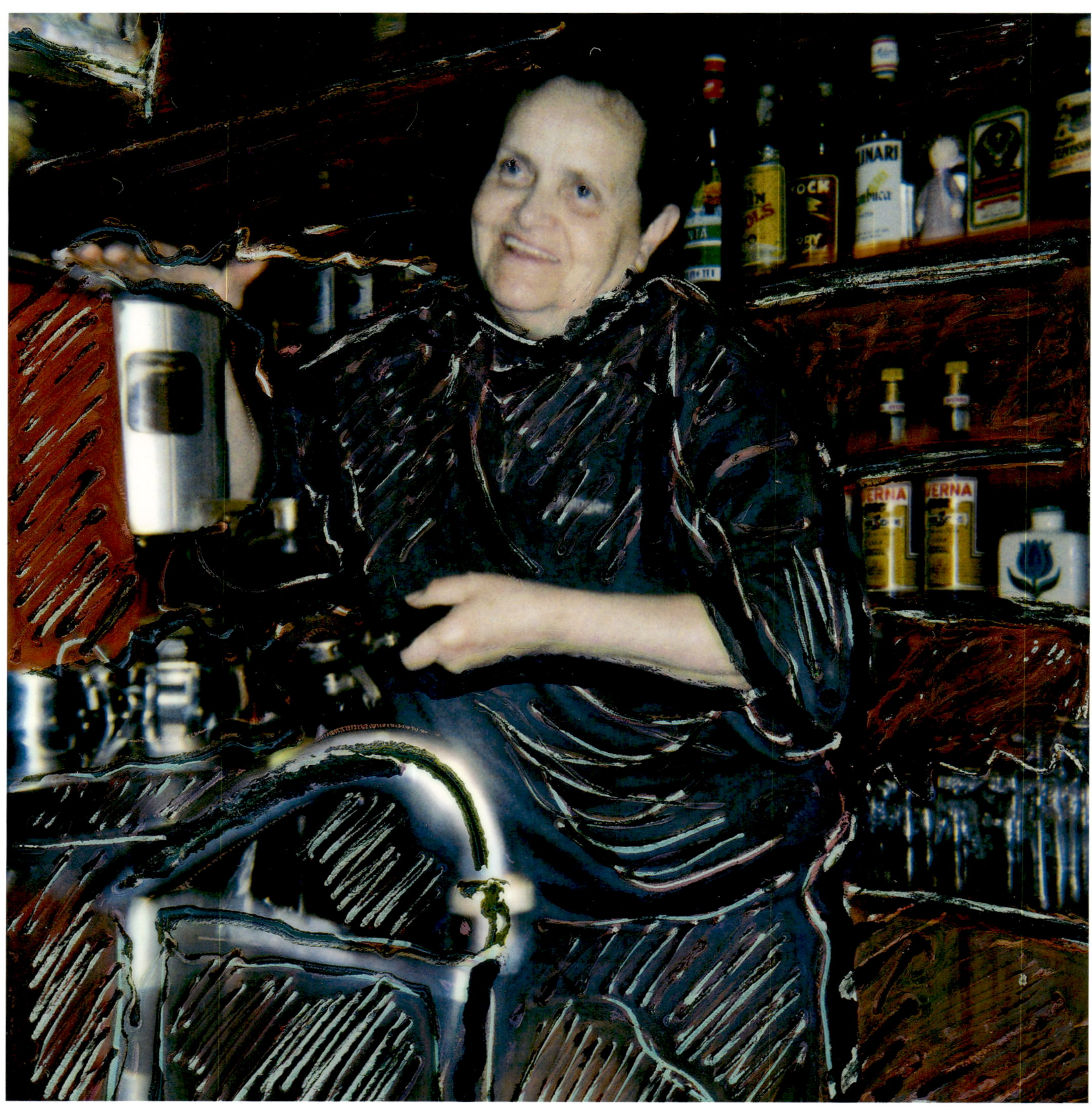

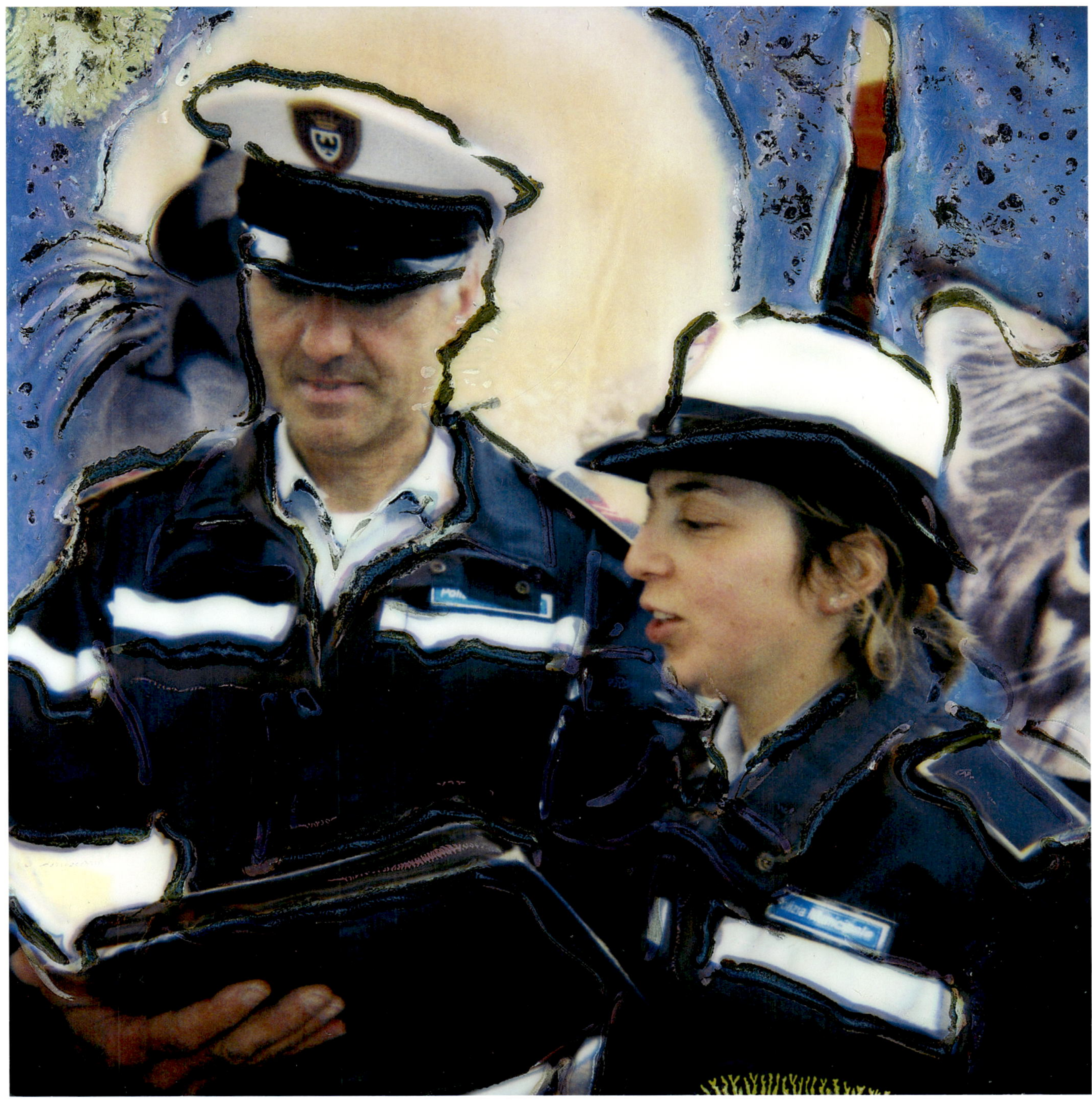

LAGORAI IMMAGINATO

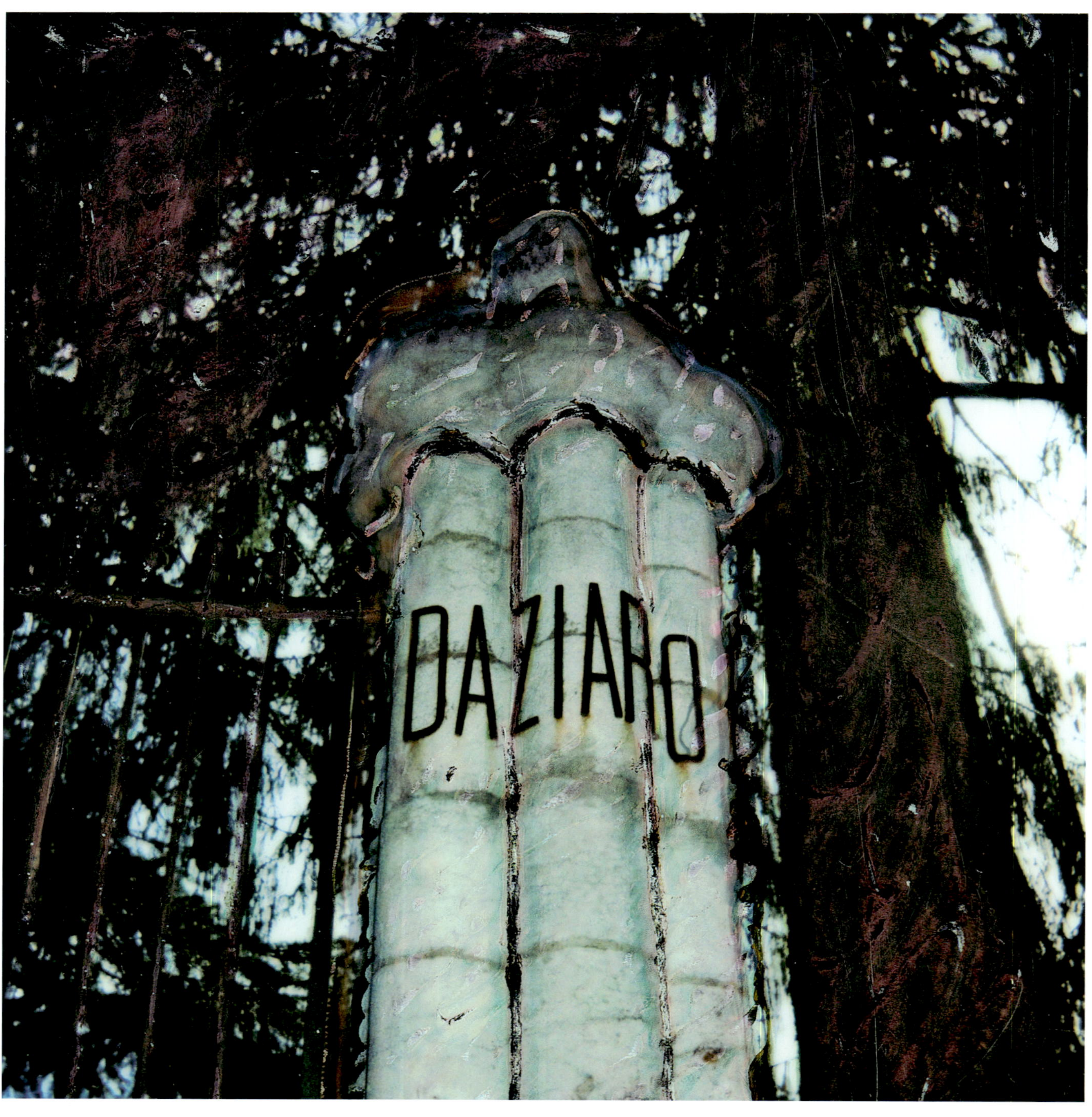

LAGORAI IMMAGINATO

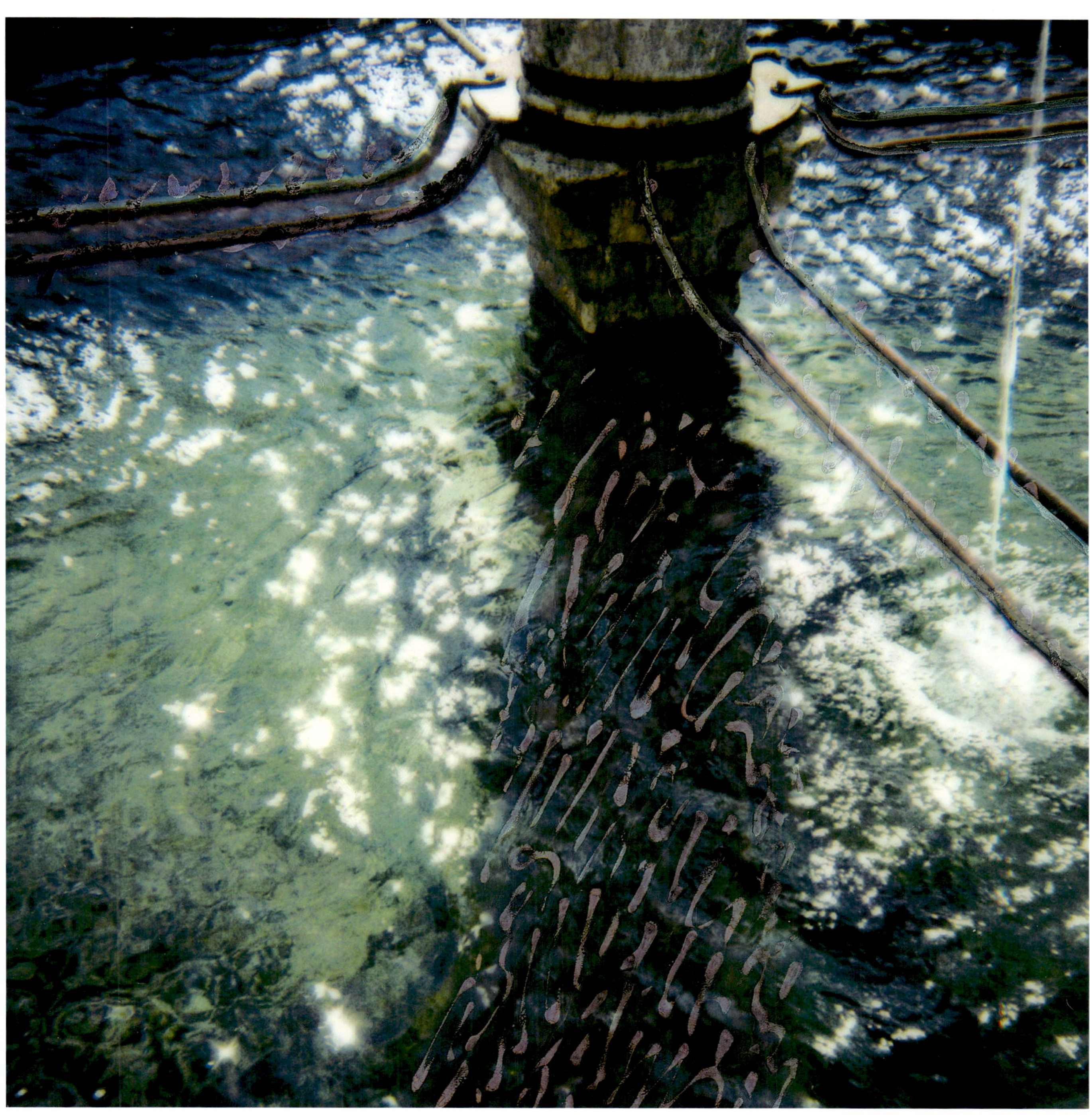

LAGORAI IMMAGINATO

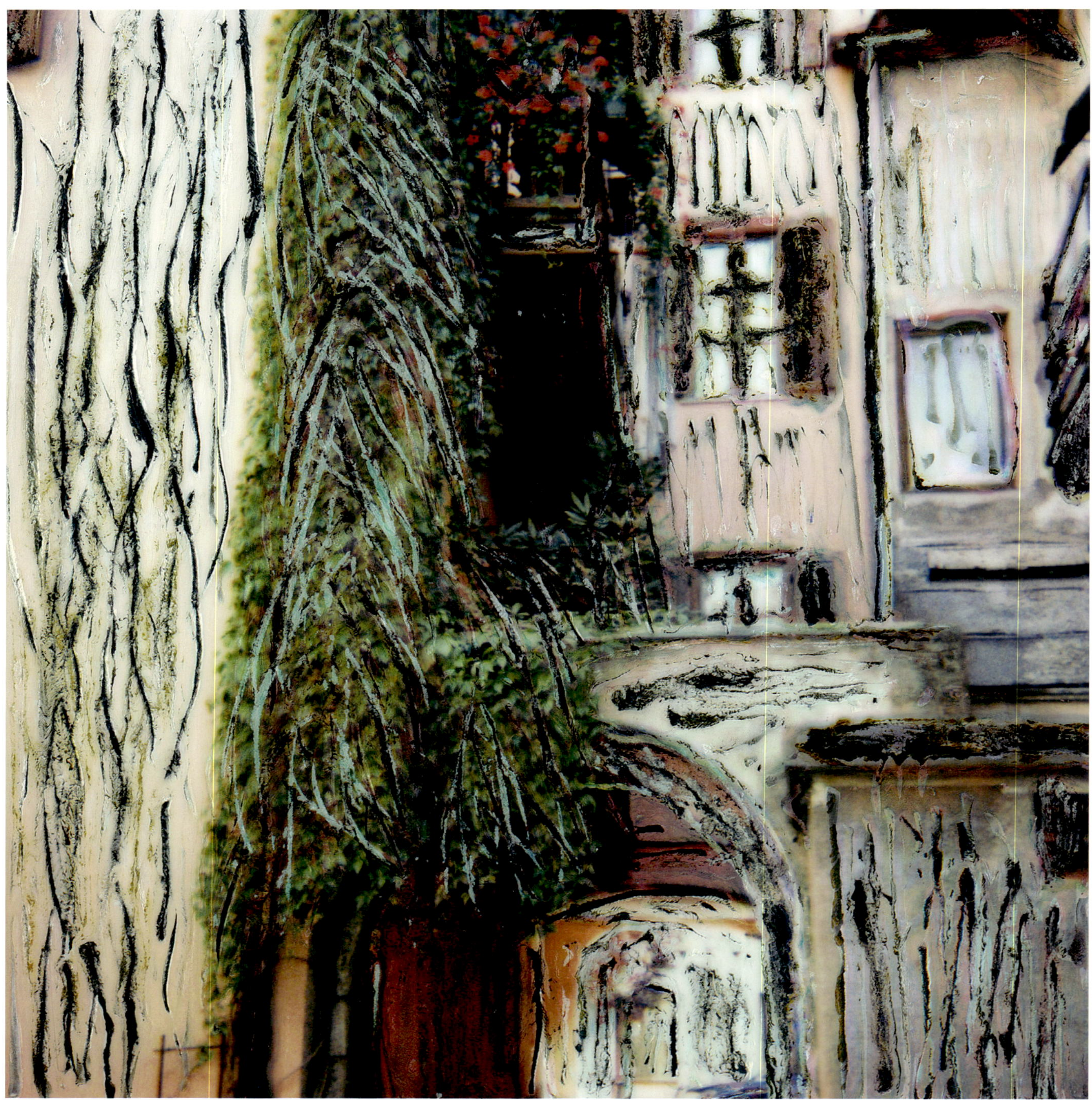

LAGORAI IMMAGINATO

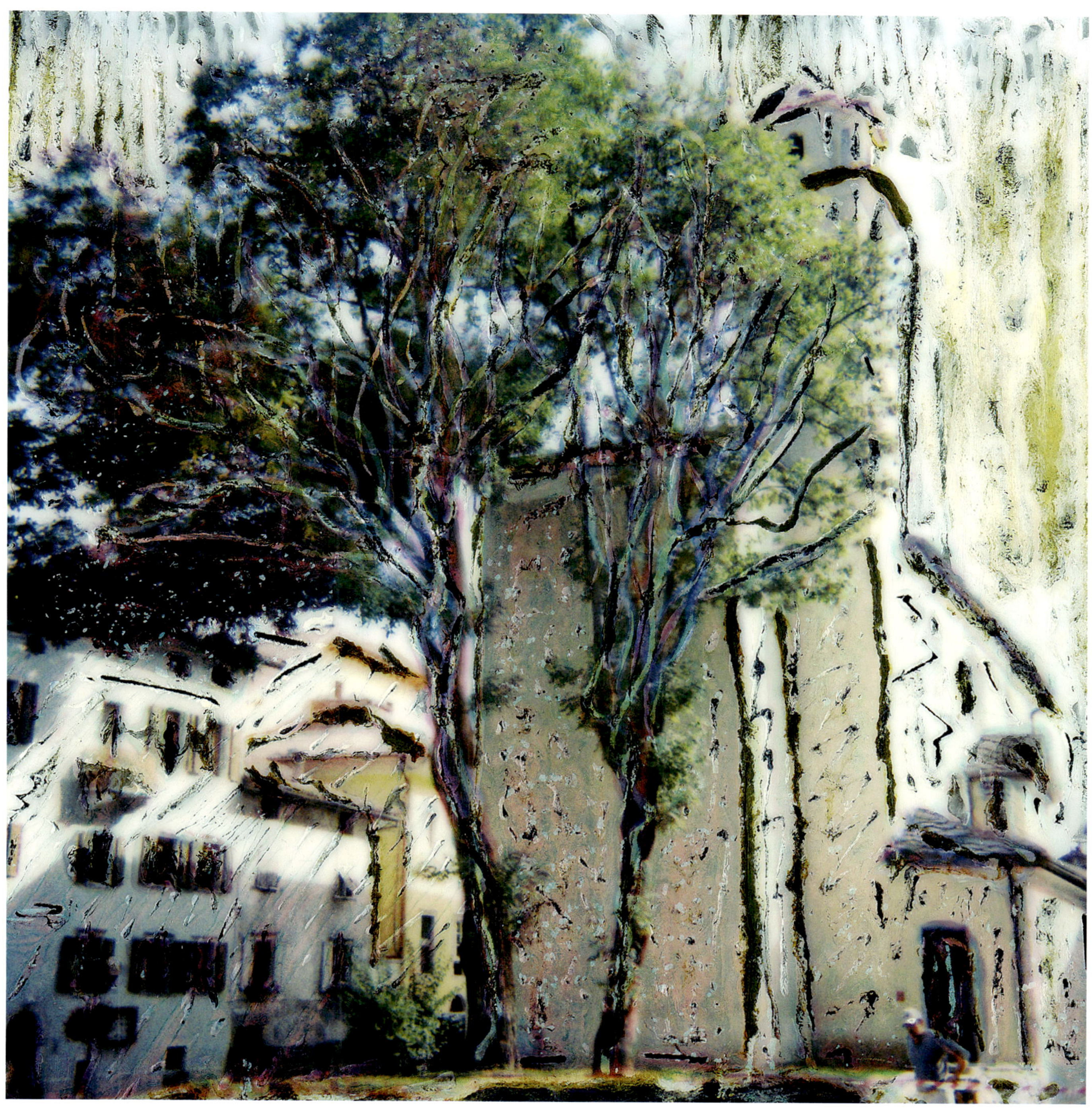

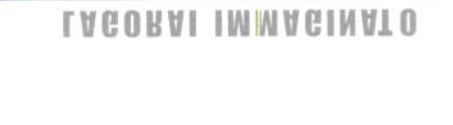
LAGORAI IMMAGINATO

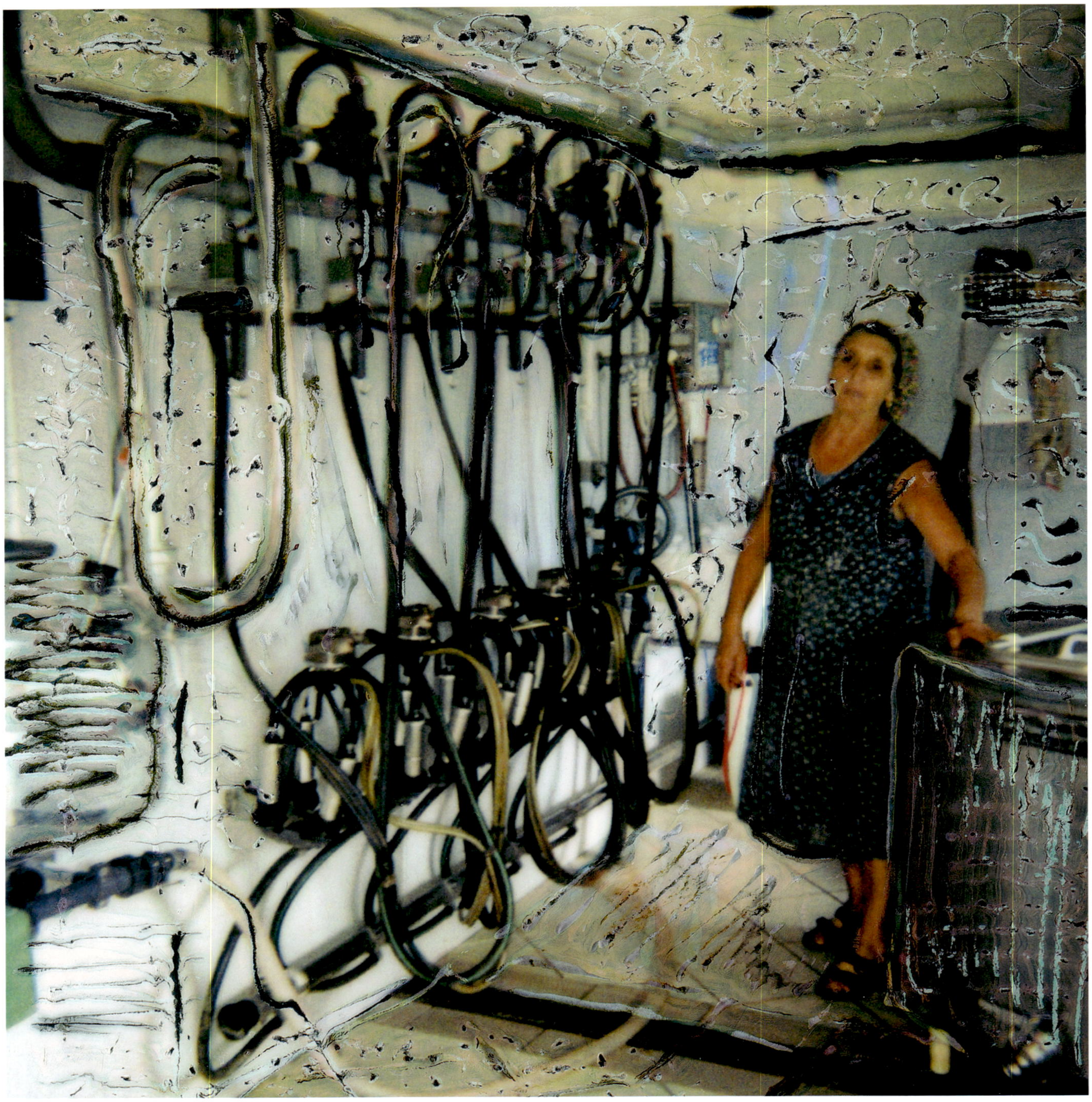

LAGORAI IMMAGINATO

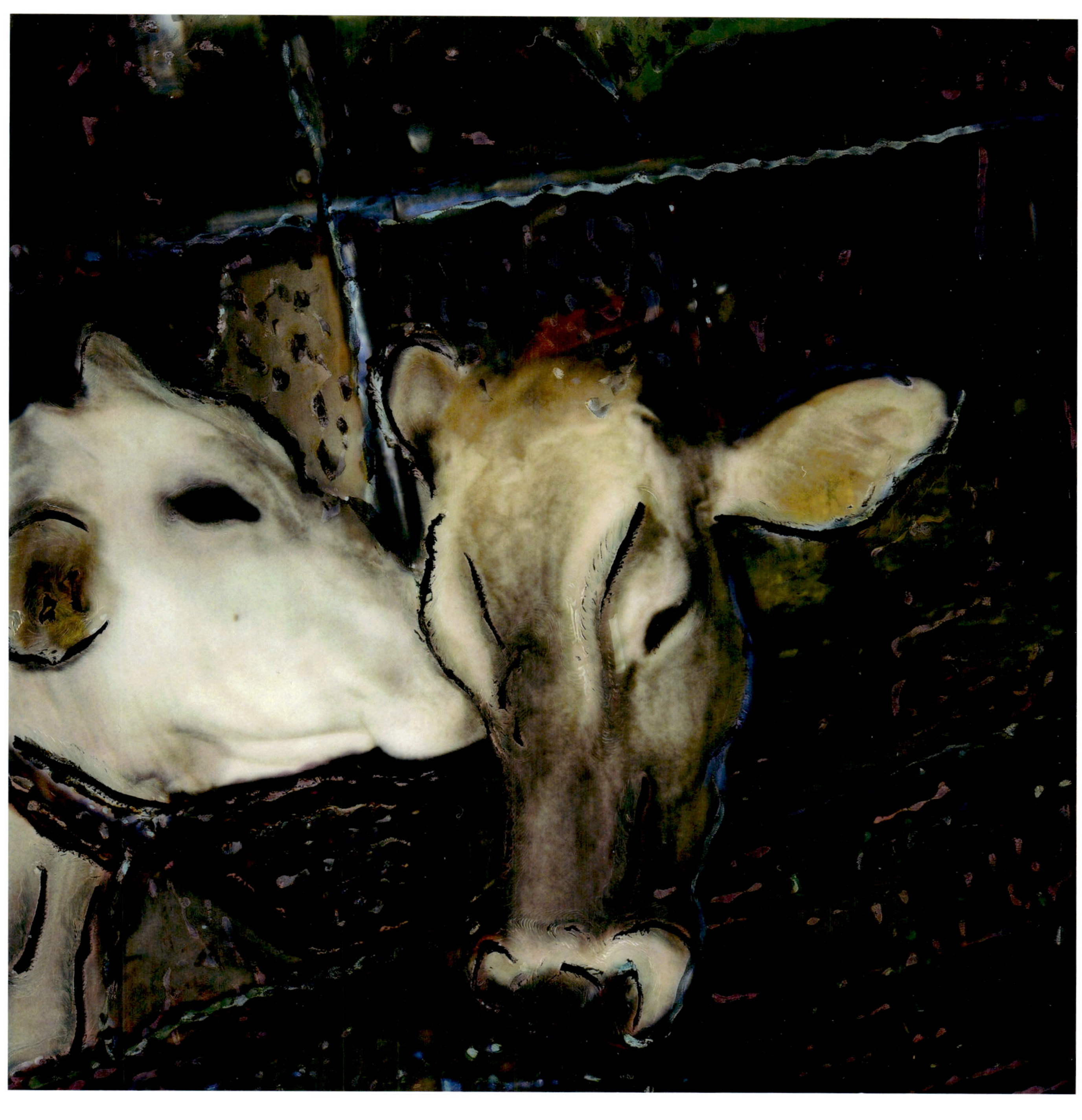

LAGORAI IMMAGINATO

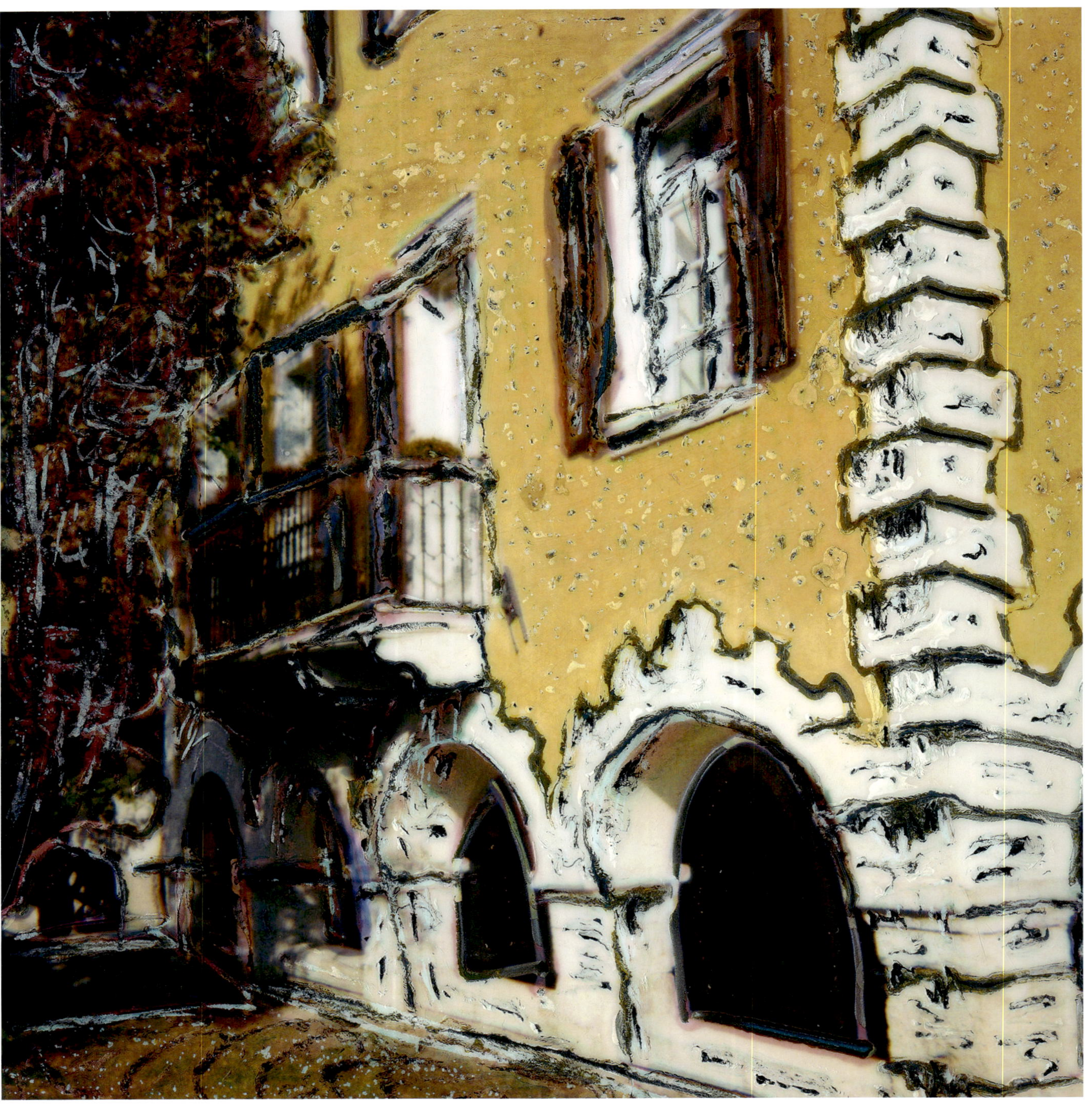

LAGORAI IMMAGINATO

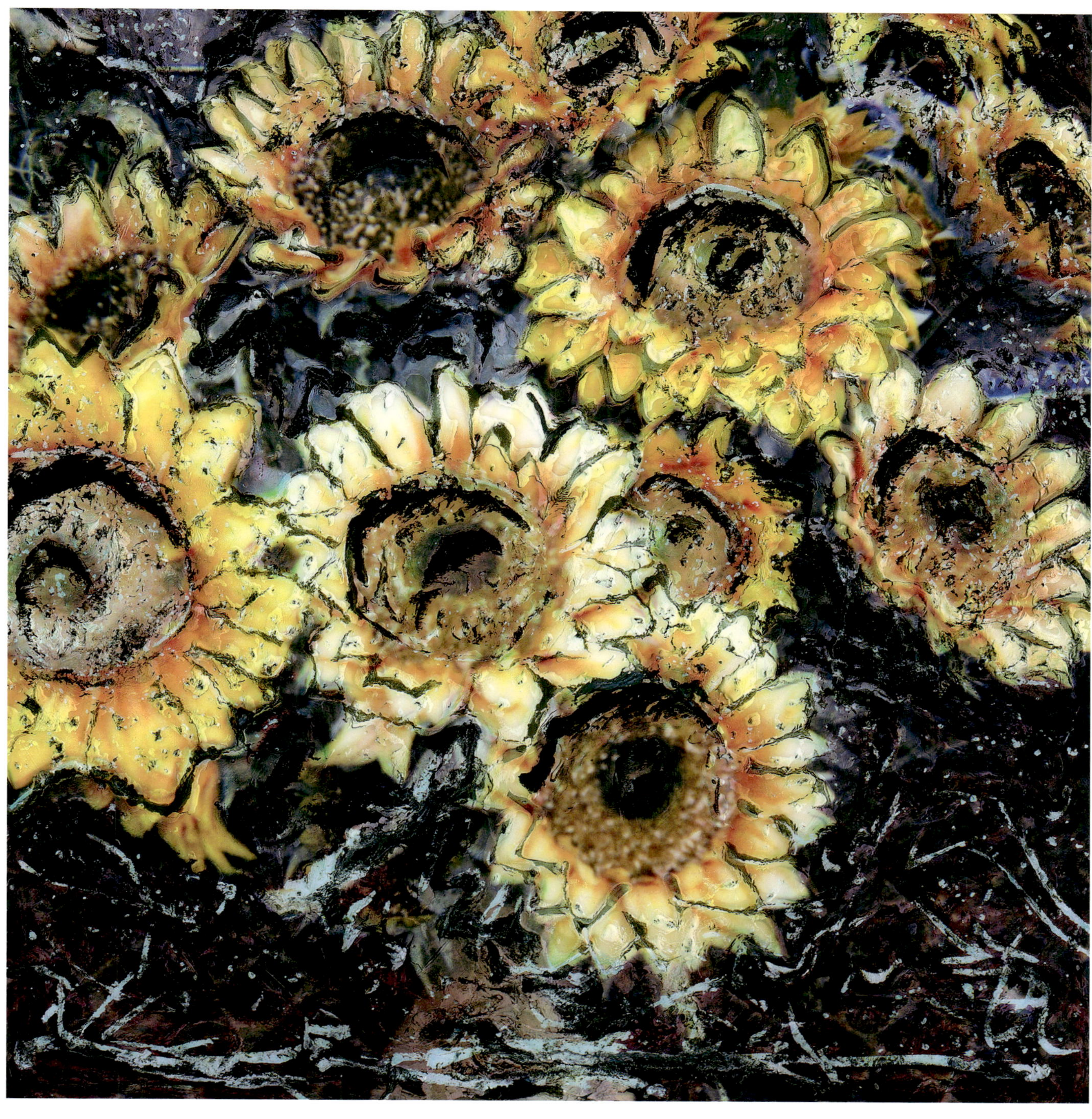

LAGORAI IMMAGINATO

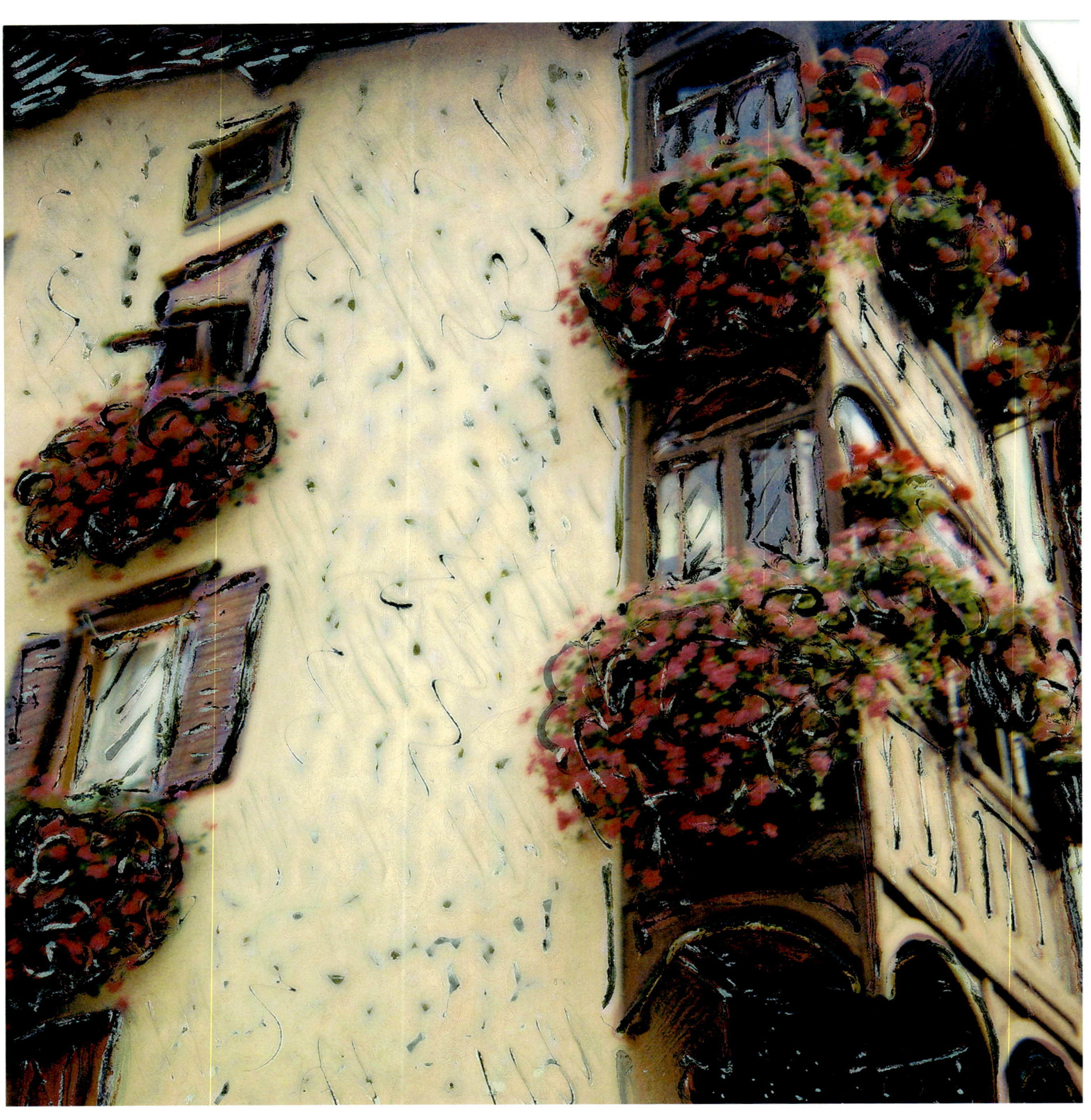

LAGORAI IMMAGINATO

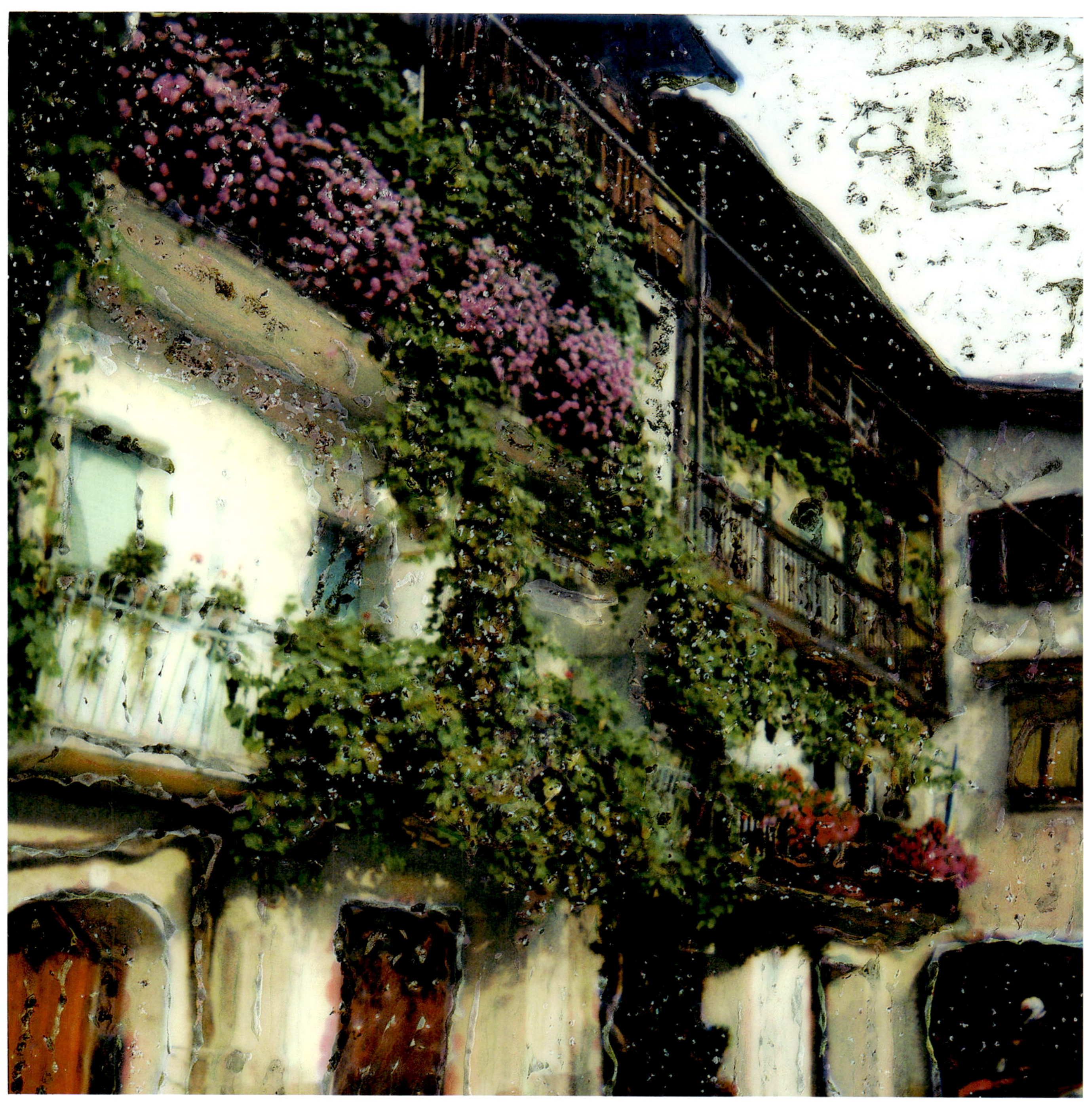

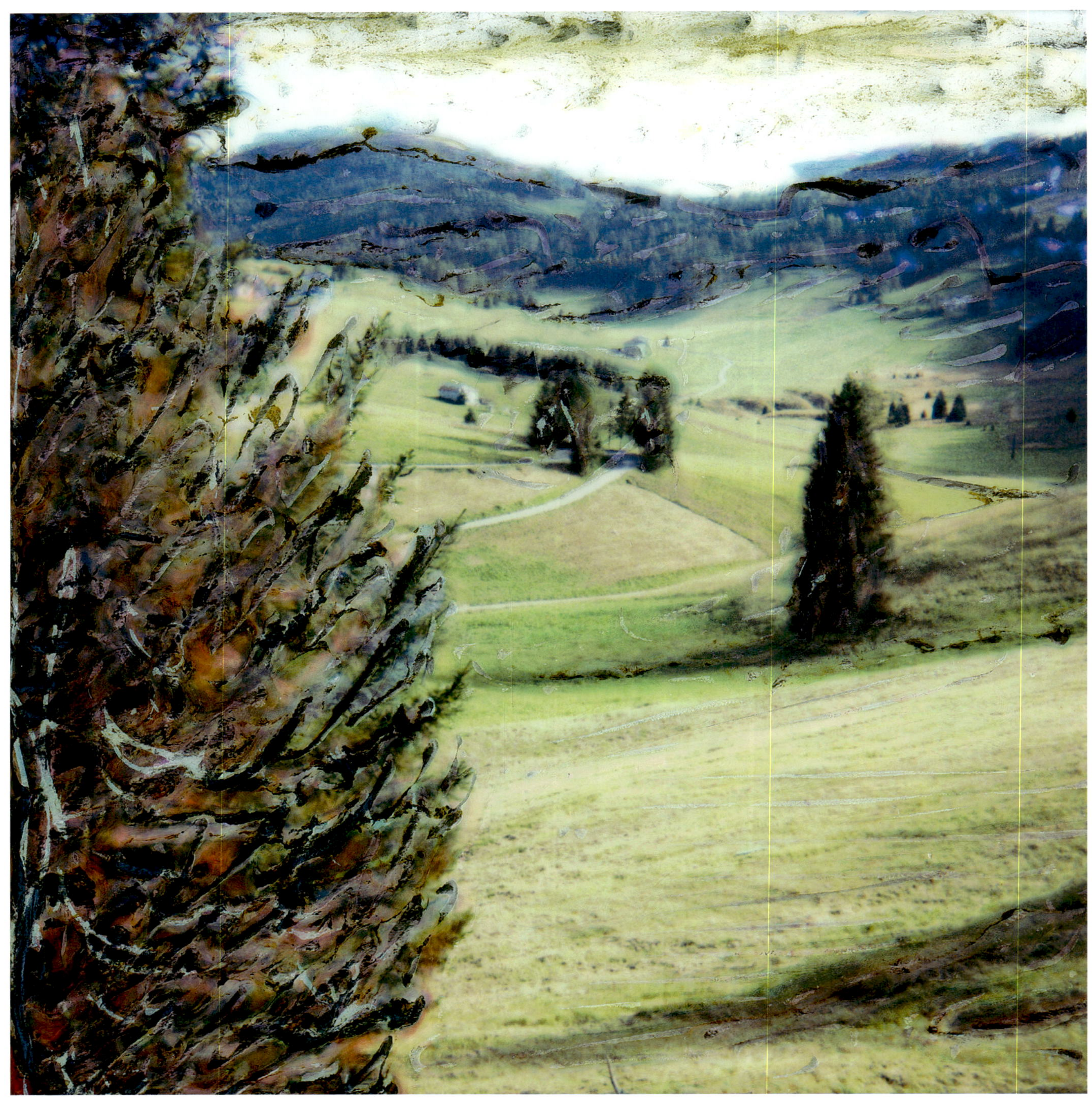

LAGORAI IMMAGINATO

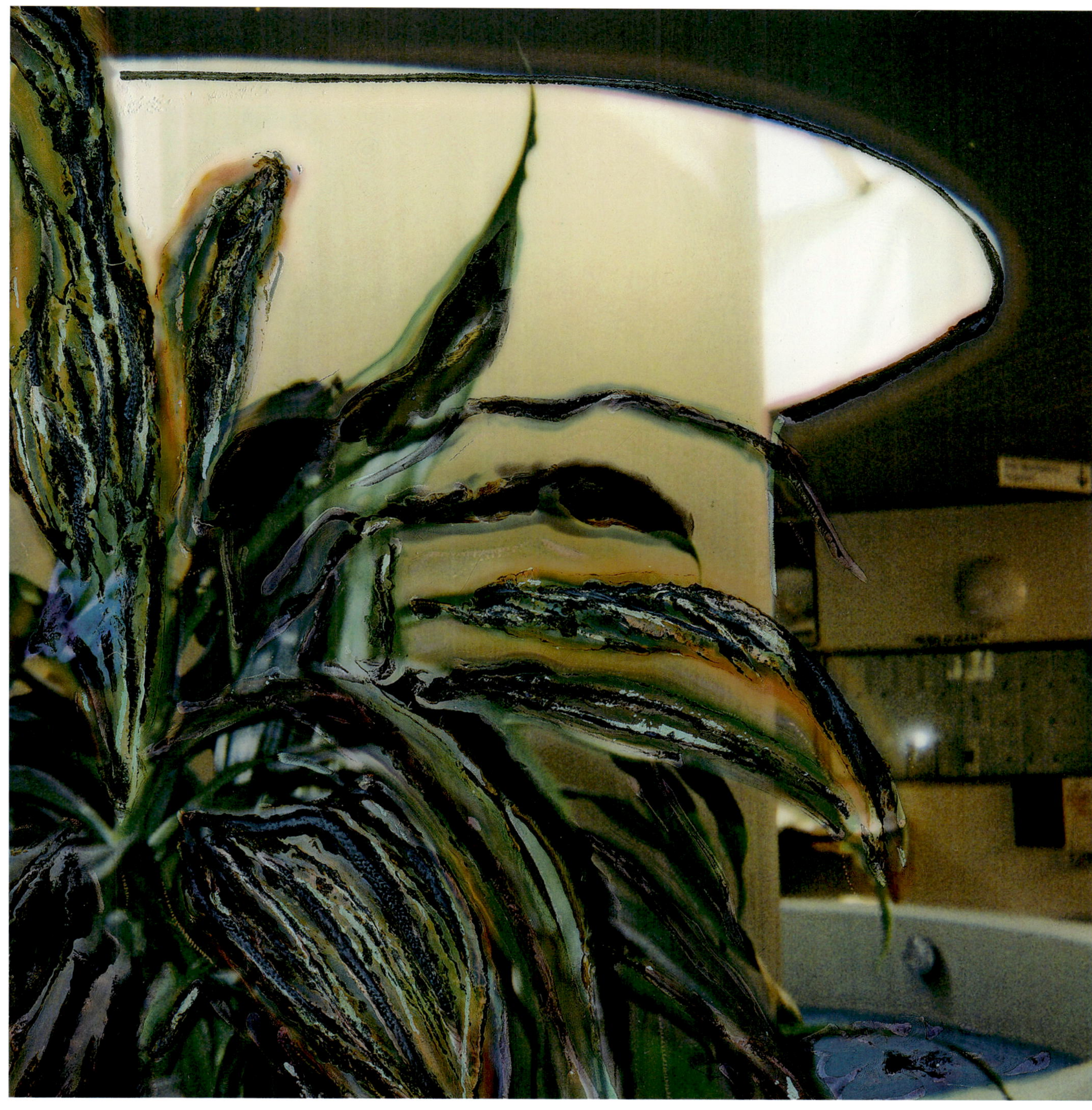

LAGORAI IMMAGINATO

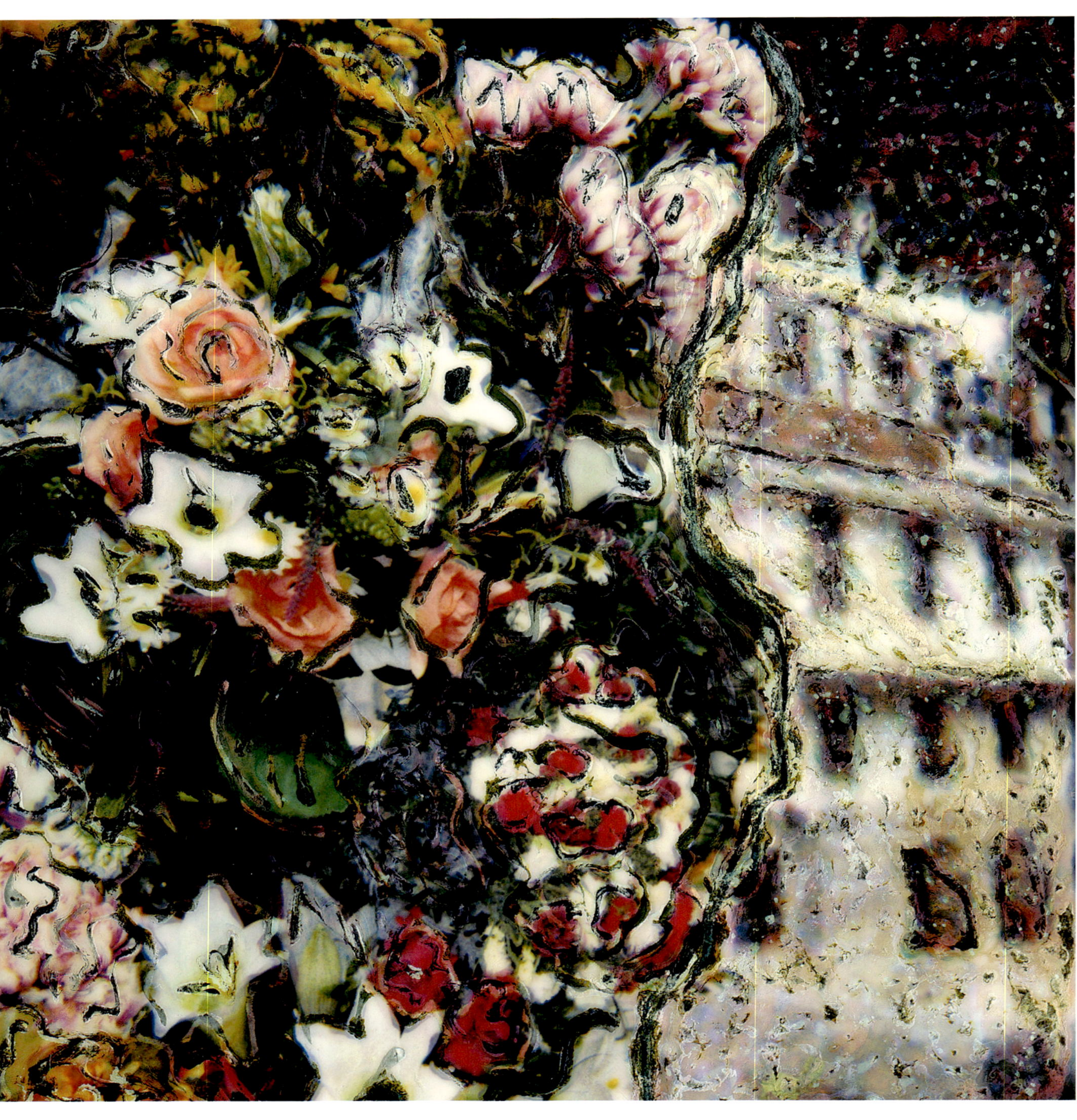

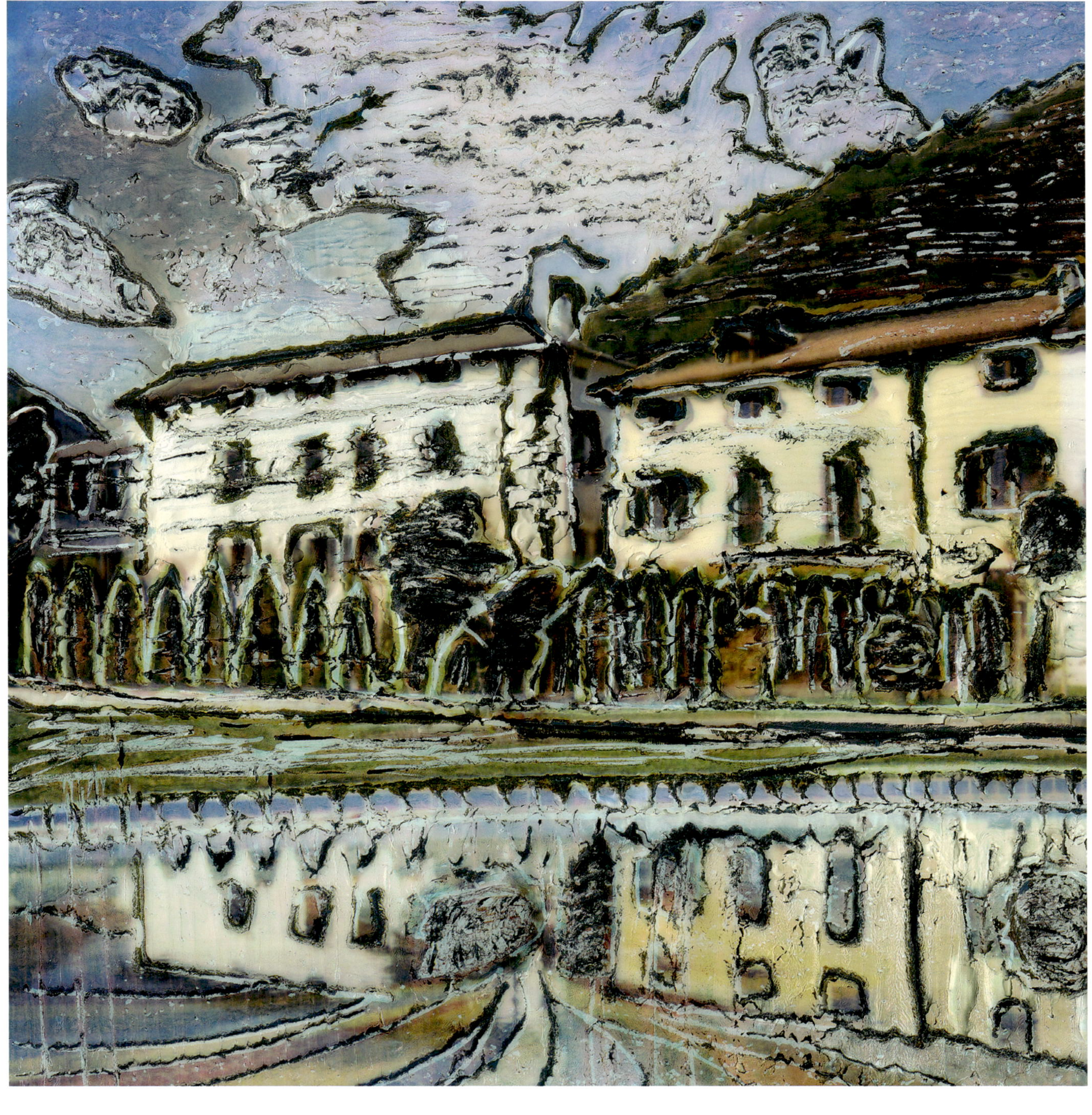

LAGORAI IMMAGINATO

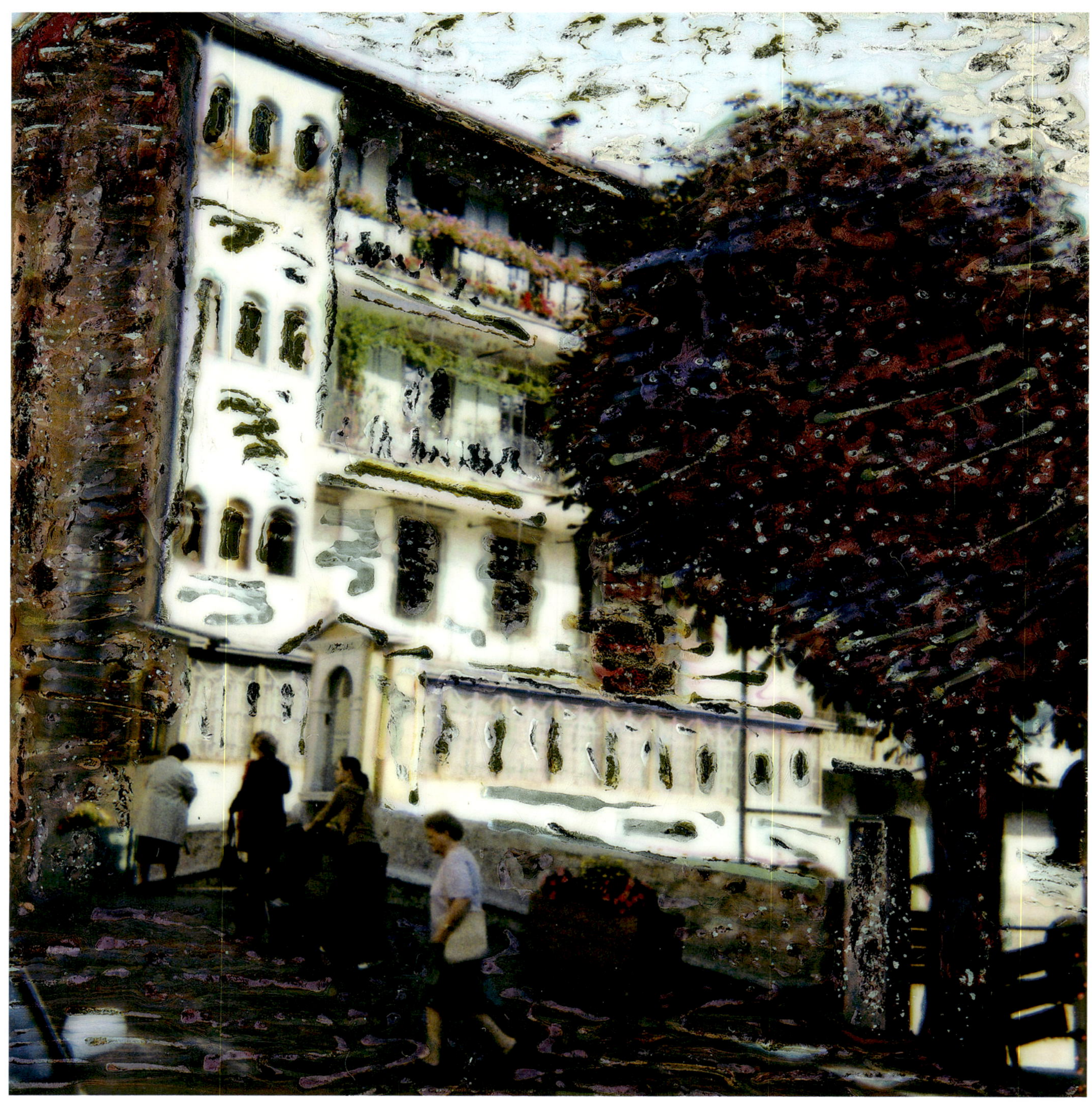

LAGORAI IMMAGINATO

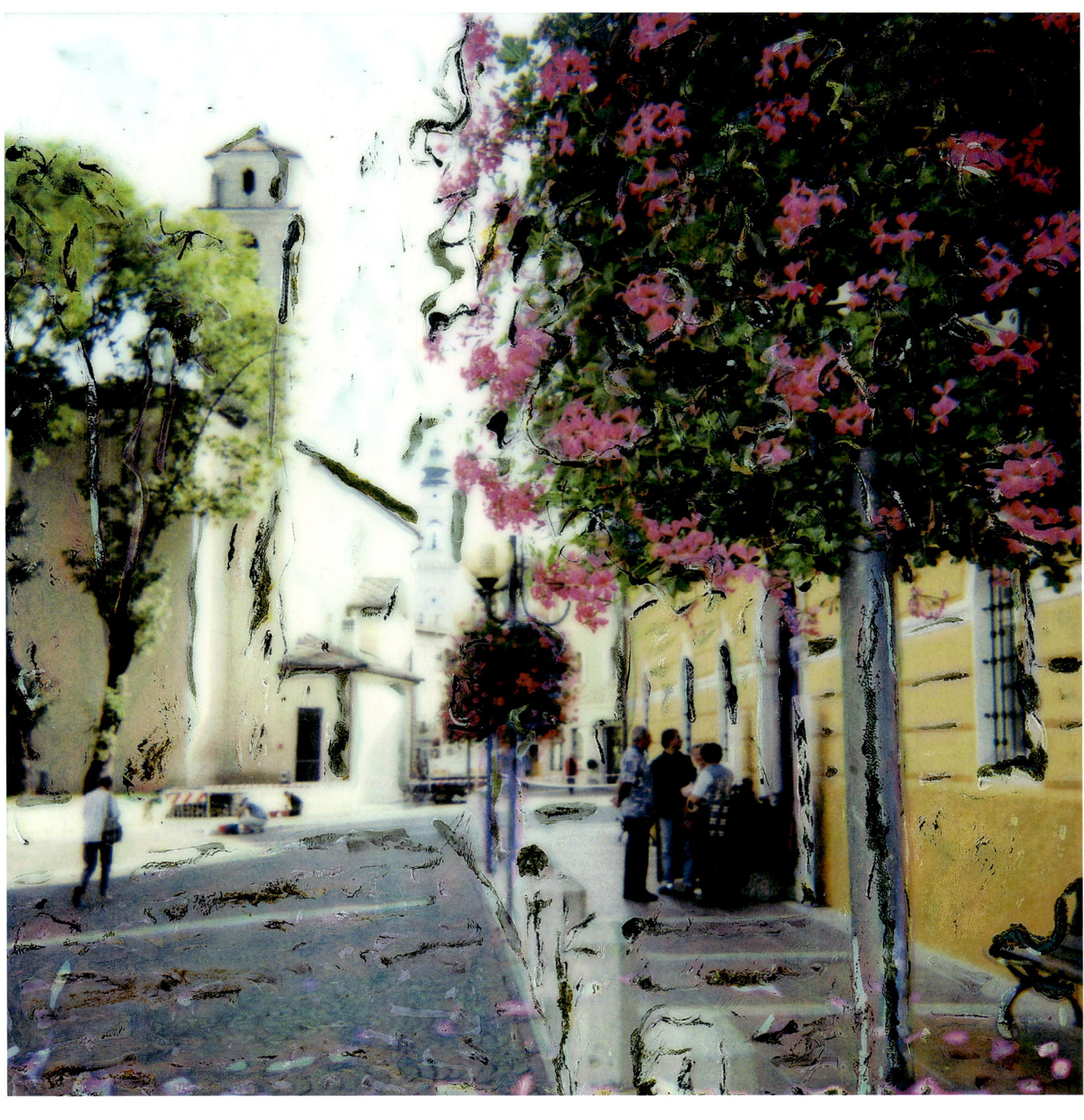

LAGORAI IMMAGINATO

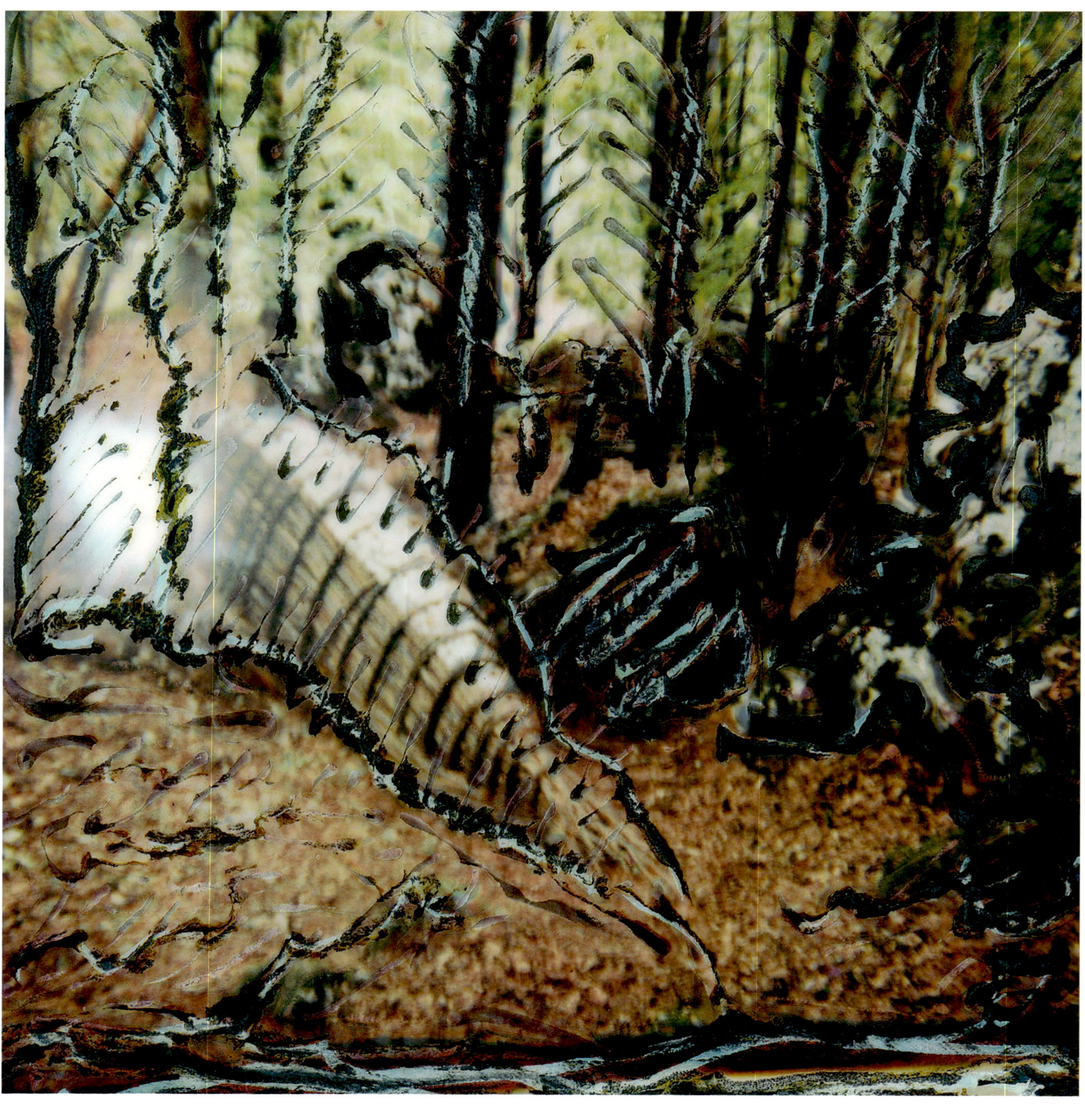

LAGORAI IMMAGINATO

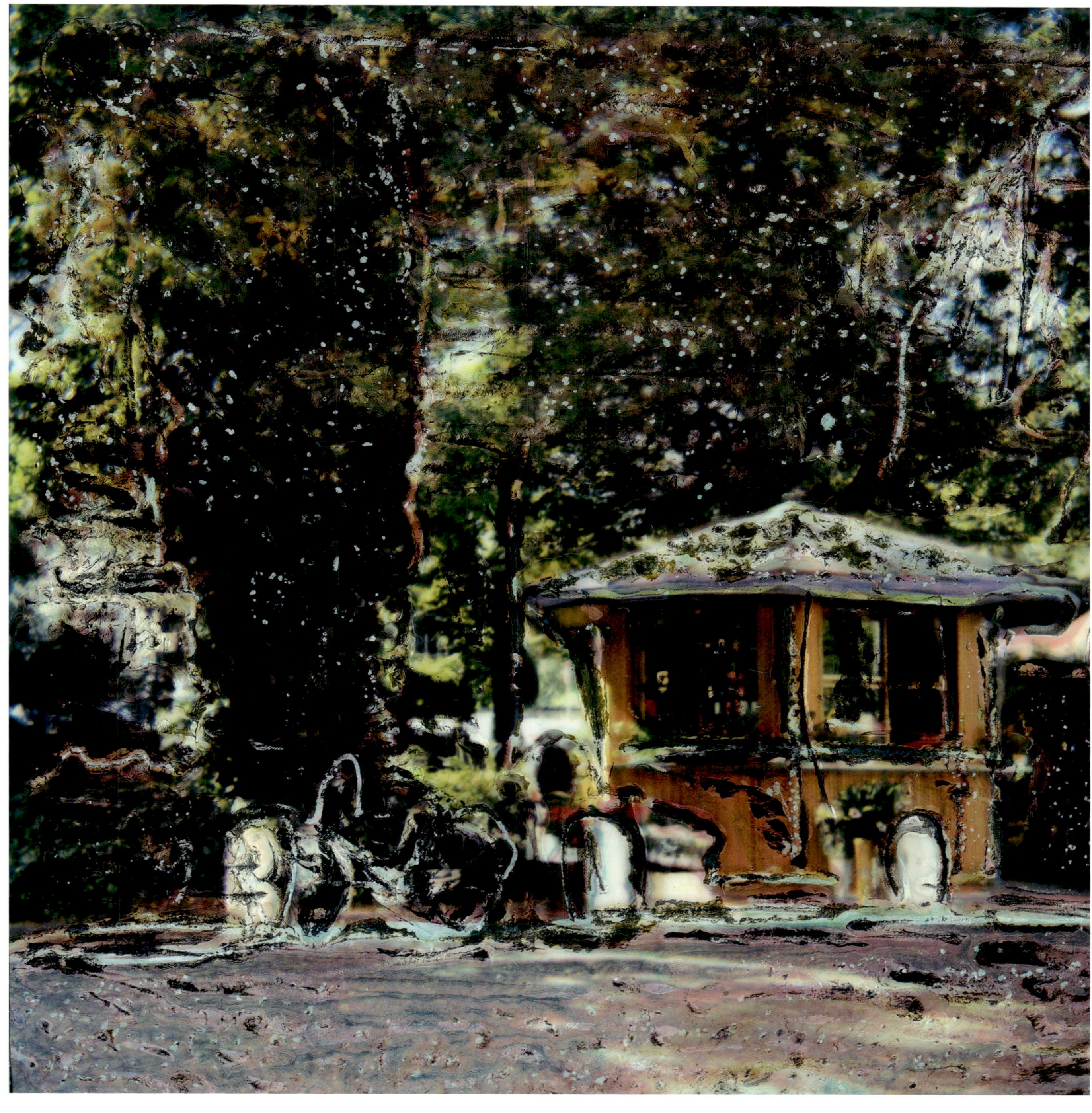

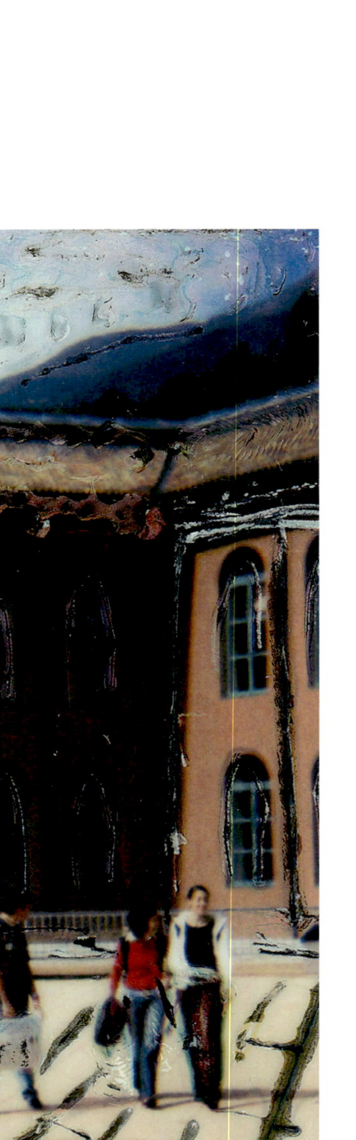

LAGORAI IMMAGINATO

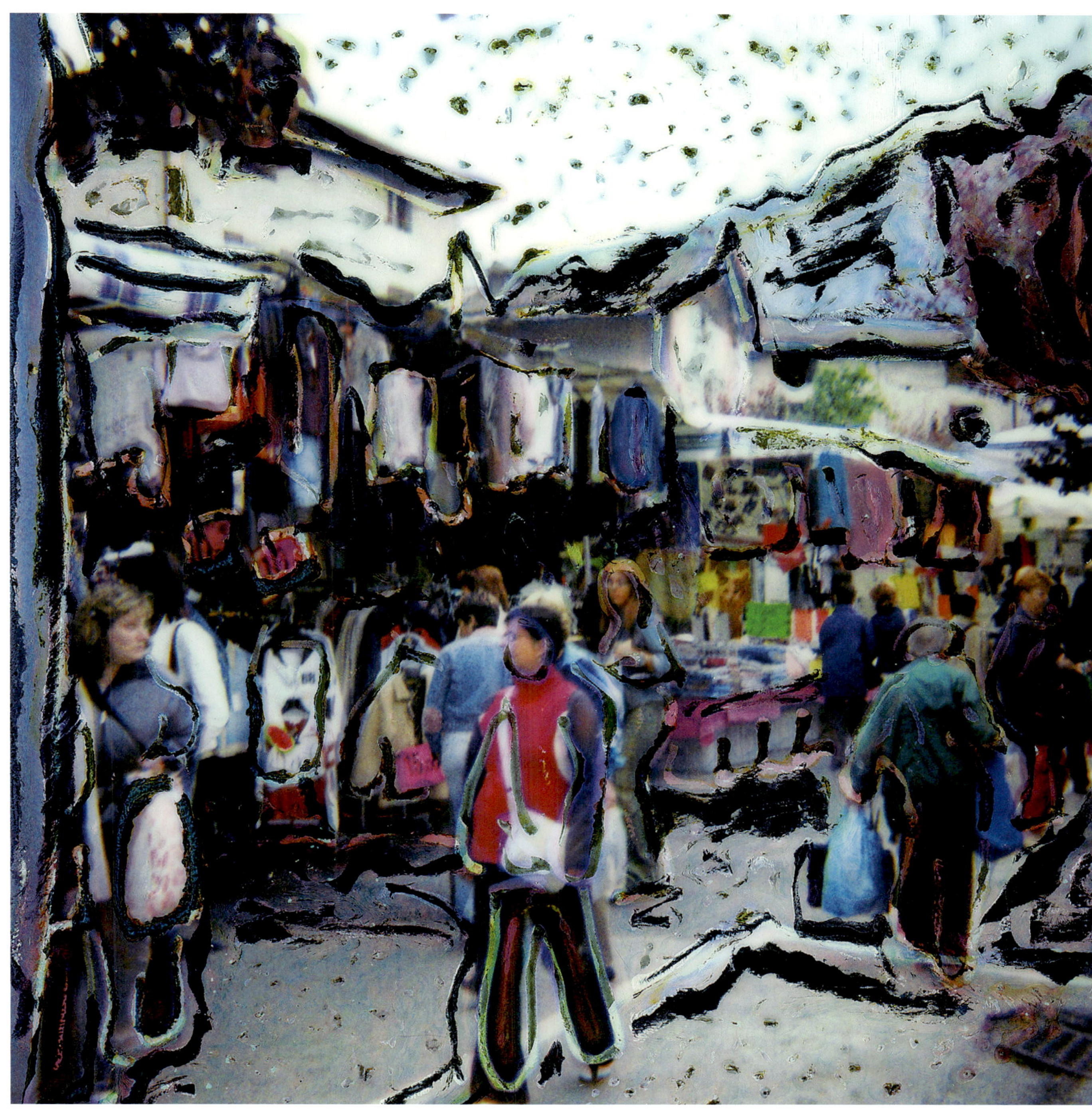

LAGORAI IMMAGINATO

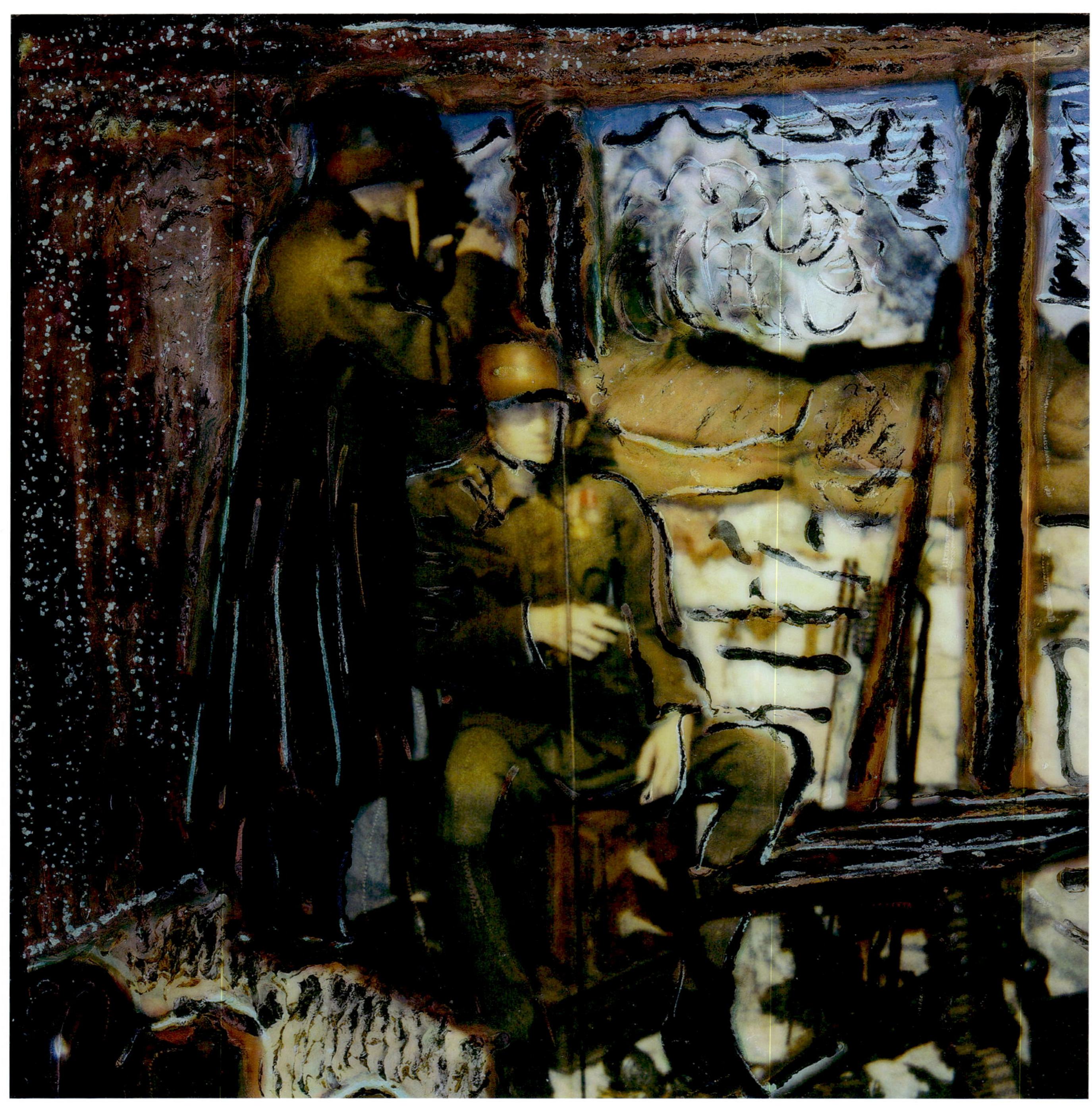